# हम होंगे कामयाब एक दिन लेकिन कब?

# हम होंगे कामयाब एक दिन लेकिन कब?

सुजीत कुमार

KALPAZ

हम होंगे कामयाब एक दिन : लेकिन कब?



ISBN : 978-81-7835-988-5

मूल्य : रू. 150

भारत में सन् 2013 में प्रकाशित

कल्पाज़ पब्लिकेशन्स,
सी–30, सत्यवती नगर,
दिल्ली – 110052

Phone : 9212142040
ई–मेल : kalpaz@hotmail.com

*टंकण* : शाह कम्प्यूटर ग्राफिक्स, दिल्ली
*मुद्रित* : जी. प्रिंट प्रोसैस, दिल्ली

# अनुक्रम

# आभार

प्रिय भारतवासियों। मुझे बहुत खुशी हो रही है कि अपनी पहली किताब के द्वारा अपने विचार में आपके सामने रख रहा हूँ। इस किताब में जो भी विचार में व्यक्त कर रहा हूँ वे एक दिन या एक महीने की सोच नहीं है। बल्कि कई वर्षो तथा कई लोगों से मिलने के बाद, उनके अंदर दबी आक्रोश को समझने के बाद तथा उनके सपनों एवं उम्मीदों को जानने के बाद मेरे मन में जो नये विचार आये उन्हें मैं आपके साथ बाँट रहा हूँ।

वैसे तो इस किताब में लिखे गये सारे विचार मेरे व्यक्तिगत हैं परंतु अप्रत्यक्ष रूप से कई लोगों ने अपने सोच से मुझे प्रभावित किया जिसमें खासकर मेरा मित्र विवेक है। इसके अतिरिक्त में हमेशा अपनी माँ (श्रीमति मुन्नी देवी) तथा पिता (श्री राम रतन सिंह) का ऋणी रहूँगा जिन्होंने पढ़ा लिखाकर मुझे सफलता के इस स्तर तक पहुँचाया । मेरे जीवन के बाद ऐसे मौकों पर जब मेरा आत्मविश्वास कम होने लगा तब उन्होंने न सिर्फ मेरी हिम्मत बढ़ायी बल्कि आगे बढ़ने के लिए प्रेरित भी किया। मैं अपनी पत्नी श्रीमति सोनिया सिंह को भी धन्यवाद देता हूँ जिसने हमेशा मुझे सच्चाई की राह पर चलने की सलाह दी। साथ में मैं अपने सभी गुरूजनों खासकर श्री पी एन माहतो, श्री एम पी पांडे, श्री टी एन मिश्रा एवं श्री आर सुरेश बाबू को भी धन्यवाद देता हूँ जिनके आशीर्वाद से में कुछ बन पाया।

इस किताब के द्वारा मैं किसी की भावनाओं को चोट नहीं पहुँचाना चाहता। परंतु फिर भी यदि किसी को मेरे विचारों से किसी भी प्रकार से तनिक भी दुख पहुँचता है तो मैं उनसे माँफी माँगता हूँ।

**सुजीत कुमार**

# 1

# कामयाब

हम सभी ने बचपन से एक गाना सुना और गुनगुनाया है।

''हम होंगे कामयाब एक दिन.....''

मैं जब 5-7 वर्ष का था तब शायद पहली बार मैंने यह गाना सुना होगा। और आज लगभग 30 साल बाद भी यही गाना बड़े चाव से गाया जाता है। हमारे बच्चे और फिर शायद उनके भी बच्चे यही गाना सुनते और गाते रहेंगे। पर सवाल यह उठता है कि वह दिन कब आयेगा जब हम कामयाब होंगे।

कामयाब शब्द का मतलब अलग–अलग जगह पर अलग–अलग होगा। अगर व्यक्तिगत स्तर पर लें, तो कामयाब होने का मतलब है, अपने ही द्वारा निर्धारित लक्ष्य को प्राप्त कर लेना। जैसे अगर मैं एक ऑफिसर की नौकरी प्राप्त करने का लक्ष्य निर्धारित करता हूँ, और फिर जी–जान से मेहनत करके एक ऑफिसर की नौकरी प्राप्त भी कर लेता हूँ, तो मैं कहुँगा कि मैंने कामयाबी .हासिल कर ली।

अगर हम राष्ट्रीय स्तर पर बात करें, तो हम सब के कामयाब होने का मतलब होगा–देश की मूल समस्याओं का खत्म

होना, जैसे– बेरोजगारी, अशिक्षा, भुखमरी, भ्रष्टाचार, चरमराती कानून–व्यवस्था, किसानों को उनकी उपज का उचित मूल्य न मिलना इत्यादि।

मैं जब भी खाली होता हूँ, तथा अपने देश के एवं यहाँ के लोगों के इन समस्याओं तथा और भी दूसरे समस्याओं पर विचार करता हूँ, तब मुझे बचपन से सुना वही गाना याद आता है–

"हम होंगे कामयाब एक दिन"

लेकिन साथ में यह भी विचार आता है कि–कब?

आज हमें आजाद हुए 65 वर्ष से अधिक हो गये हैं पर हम अभी तक सही मायने में कामयाब नहीं हुए हैं। 65 वर्ष कोई कम समय नहीं होता है।

अपने मन में उमड़ते इन्हीं विचारों तथा सवालों को मैं आपके साथ बाँटना चाहता हूँ।

आज हम अखबारों में न्युज चैनल पर तथा हर जगह आये दिन यही सुनते हैं कि इस मंत्री ने इतने रुपये का घोटाला किया, तो उस मंत्री ने इनते रुपये खाये। सभी राजनीतिक पार्टियाँ वोट बटोरने के लिए कुछ भी कहने, कुछ भी करने को तैयार हैं। किसी को देश की चिन्ता नहीं है। वे बिलकुल नहीं सोंचतीं कि उनके फैसले का देश पर दूरगामी परिणाम क्या होगा? उन्हें बस चिन्ता इस बात की है कि कैसे वे अधिक से अधिक वोट ले पायें।

इन्हीं परिस्थितियों को देखकर मेरे मन में कई सवाल उठते हैं तथा इनके काल्पनिक जवाब भी ढूँढ़ता हूँ। यह सही है कि मेरे जवाब काल्पनिक हैं पर जब आप इन्हें पढ़ेगें तो पायेंगे कि ये ऐसे भी नहीं हैं जिन्हें मूर्त रूप नहीं दिया जा सके, अर्थात् जिन्हें Implement न किया जा सके।

पहले मैं सवालों अर्थात् देश के कुछ बड़े सवालों की चर्चा करता हूँ और फिर मैं उनके समाधानों पर विचार करूँगा। ये दोनों ही मेरे व्यक्तिगत विचार हैं पर देशहित में मैं उन्हें आपके सामने रखना चाहता हूँ। सवालों से तो आप भी भली–भाँति परिचित हैं पर इनके समाधान जरा हटके हैं। अतः आप से निवेदन है कि मेरे द्वारा सुझाये गये इन समाधानों पर ज़रूर गौर करिये।

सबसे पहले समस्याओं पर चर्चा करते हैं।

# 2

## आरक्षण

इस मुद्दे पर सभी अपना–अपना राग अलाप रहे हैं। कोई कहता है आरक्षण होना चाहिए तो कोई कहता है नहीं होना चाहिए। कोई कहता है आरक्षण सिर्फ नौकरी में हो, पढ़ाई में नहीं, तो कोई कहता है पढ़ाई में हो पर नौकरी में नहीं, और कोई कहता है दोनों में हो तथा कोई कहता है आरक्षण कहीं न हो। कोई कहता है इस जाति या इस धर्म वाले को मिले तो कोई इसका उल्टा कहता है। नेता वही बात कहते हैं जिससे उनका वोट बैंक बढ़े। इसके लिए हमारे नेतागण गहन चर्चा में लग जाते हैं। अपने मतलब की बात मनवाने के लिए बहस कभी–कभी उग्र रूप भी धारण कर लेती है। सभी अपने मतलब तथा फायदे की बात करते हैं पर कोई इस बात पर विचार नहीं करता कि आरक्षण देने या न देने से देश का क्या फायदा है। देश हित में क्या होना चाहिए। देश हित में आरक्षण होना चाहिए या नहीं होना चाहिए। अगर आरक्षण होना चाहिए तो देशहित में कहाँ तक आरक्षण हो–किस स्तर तक की पढ़ाई तक, किस स्तर की नौकरी तक। इस बात पर विचार करने के लिए विचार–विमर्श करने वालों में एक दूरदर्शिता की आवशयकता है। क्या हमारे नेता तथा मंत्रीगण जो इस मसले पर बहस करते हैं इनमें

भविष्य को देखने की क्षमता है और अपने फायदे को दरकिनार कर उसी दूरगामी परिणाम को देखते हुए फैसला लेने की हिम्मत है।

मान लीजिए मैं एक बेरोजगार युवक हूँ। तब मैं तो हमेशा यही चाहूँगा कि कुछ ऐसा कानून बने जिंससे मैं आरक्षण के दायरे में आ जाऊँ। पर क्या मुझे हर तरह के नौकरी में आरक्षण मिलना चाहिए। कुछ काम ऐसे होते हैं जिनको करने में अधिक दिमाग लगाने की आवश्यकता नहीं होती। पर कुछ काम ऐसे होते हैं जिनको करने में दिमाग लगाना पड़ता है, कई बड़े फैसले लेने पड़ते हैं। जिस काम में अधिक दिमाग की आवश्यकता नहीं होती उसे अधिकतर लोग अच्छी तरह से कर सकते हैं। उसे मैं करूँ या मेरे स्कूल का टॉपर, काम के परिणाम में कोई अधिक अंतर नहीं आयेगा। पर कुछ काम ऐसे होते हैं जिन्हें सब नहीं कर सकते, या कर भी सकते हैं तो भिन्न–भिन्न लोगों के द्वारा किये गये कार्य अलग–अलग परिणाम देंगे। अर्थात एक व्यक्ति के द्वारा किये गये कार्य बेहतर या जल्दी परिणाम देंगे जबकि दूसरे के द्वारा किये गये कार्य खराब या देर से परिणाम देंगे। अब निर्णय यह लेना है कि किसे किस पद पर बैठाया जाए। मैं तो हमेशा यही चाहूँगा कि मैं हमेशा अधिक से अधिक आय वाले पद पर बैठूँ। पर देश हित में किस पर मुझे आरक्षण के सहारे बैठना चाहिए और किस पद पर बिना आरक्षण के, अपने काबिलियत के दम पर, यह निर्णय सही ढ़ग से लेना अनिवार्य है। ऐसा नहीं है कि आरक्षण का केवल नुकसान ही है। इसके कई फायदे भी हैं। और सबसे बड़ा फायदा समाज के पिछड़े वर्गों का आगे बढ़ना तथा आगे बढ़ने के लिए प्रेरित होना है। अगर परिवार के किसी एक सदस्य को भी नौकरी मिल जाती है तो इससे पूरे परिवार के रहन–सहन के स्तर में बदलाव आ जाता है। इसके अतिरिक्त जब कोई नौकरी के लिए पढ़ाई करता है, तैयारी करता है, भले ही आरक्षण के सहारे, तब इसमें इतनी क्षमता तो आ ही जाती है कि वह औरों की तुलना में एक बेहतर जिंदगी जी सके।

इसी प्रकार शिक्षा में कहाँ तक आरक्षण हो, यह भी एक विचारणीय मुद्दा है। एक तरफ हम कह सकते हैं कि शिक्षा में आरक्षण से पिछड़े वर्ग के बच्चों को पढ़ने में सुविधा मिलती है। पर दूसरी सच्चाई यह भी है कि उच्च शिक्षा में आरक्षण देकर हम कुछ अधिक योग्य बच्चों को उच्च शिक्षा से वंचित कर रहे हैं, जो आगे चलकर देश के लिए ज्यादा फायदेमंद होते। एक तरफ हम शिक्षा के अधिकार की बात करते हैं तो दूसरी तरफ कुछ योग्य बच्चों को उनके अधिकार से वंचित करते हैं। फिर से यह एक विचार का विषय बन जाता है कि आखिर शिक्षा में आरक्षण हो तो कहाँ तक हो। क्या हर स्तर के पढ़ाई में आरक्षण देना ठीक है। इसका भी उत्तर हमें मिल जायेगा अगर हम देशहित में सोचें। पर जिन्हें इन मुद्दों पर निर्णय लेने का अधिकार प्राप्त है क्या वे देशहित में सोचते हैं। क्या हमनें ऐसे आदमी को संसद से भेजा है, या क्या हमारे पास एक सच्चे समाजसेवी को संसद में भेजने का अवसर था और हमनें नहीं भेजा। मतलब क्या कोई सच्चा समाजसेवी, देश प्रेमी चुनाव मैदान में आया या नहीं आया और अगर आया तो क्या हम उसे पहचान पाने की स्थिति में थे।

# 3

# कानून-व्यवस्था तथा हमारी पुलिस

आज अगर सड़क पर कोई हादसा हो जाये और कोई व्यक्ति घायल पड़ा हो तब भी हम उसे देखकर आगे बढ़ जाते हैं। हम उस व्यक्ति को अस्पताल न पहुँचाकर ही अपनी समझदारी समझते हैं। इसका कारण यह नहीं है कि **हममें मानवता नहीं है** बल्कि इसका कारण यह है कि हम पुलिस से डरते हैं। हम डरते हैं कि अगर हमने उस घायल व्यक्ति को अस्पताल पहुँचाया तो पुलिस हमसे ही न जाने कितने सवाल करेगी। हमारे घर आयेगी, हमें थाने में बुलायेगी। आज पुलिस की छवि लोगों में कैसी है ये लोग ही जानते हैं और इसलिए वे पुलिसवालों की परछाई से भी दूर रहना चाहते हैं। इसी डर से एक आम आदमी चाहते हुए भी सड़क पर पड़े एक घायल आदमी की मदद नहीं कर पाता। यह तो एक बहुत बड़ी विडम्बना ही है कि जिससे चोर–डाकुओं को डरना चाहिए उससे आम आदमी डरता है जबकि शायद चोर–डाकू, गुंडे–बदमाश पुलिस वाले से उतने नहीं डरते। शायद हमारा डर सही भी है। पुलिस को बहुत अधिकार प्राप्त हैं और हमारा डर इसी से है। और कुछ नहीं तो वे हमें परेशान तो कर ही सकते हैं। आम आदमी के मन में यह डर है कि पुलिस कुछ भी इलजाम लगा कर उसे फंसा सकती है। यह कहाँ तक सच है यह एक आदमी ही जानता है।

क्या ऐसा नहीं होना चाहिए कि पुलिस किसी भी निर्दोष को हाथ भी न लगा सके। अगर कोई पुलिस वाला बिना किसी बात के हमें गाली देता है तो भले ही हम कुछ न कर पायें पर हमारा मन अन्दर से कचोट कर रह जाता है। उस समय लगता है कि यदि कहीं से मुझे बंदूक मिल जाय और यह पुलिसवाला कहीं अकेले में मिल जाये तो मैं उसे गोली मार दूँ। क्या पुलिसवालों को बात करने की तमीज नहीं सिखाई जानी चाहिए? जिसके साथ इन्हें सख्ती से पेश आना है उसके साथ वे सख्ती से पेश आयें, किसी पर 3rd डिग्री का इस्तेमाल करना है तो करें पर किसी बेकसूर को गाली क्यों देते हैं? अगर कोई इन्हें भी सरेआम गाली दे तो इन्हें कैसा लगेगा?

खैर ये सब तो व्यक्तिगत बातें हुई। अगर हम वृहत स्तर पर भी लें तो पूरे भारतवर्ष में ऐसे बहुत कम ही स्थान हैं जहाँ महिलायें भी रात के किसी भी वक्त बेखौफ आ जा सकें। फिल्मों में एक डॉयलाग सुना था जो सच भी है कि अगर पुलिसवाले चाह लें तो कोई चोर मंदिर से एक चप्पल भी नहीं चुरा सकता।

अगर यह सच है तो इसमें किसी को जरा भी शक नहीं होना चाहिए कि अगर हमारे नेता तथा मंत्री चाह लें तो आज भी रामराज आ सकता है। रामराज का कारण यह नहीं था कि उस समय के सभी लोग शरीफ, सच्चे और ईमानदार थे बल्कि कारण यह था कि उस समय के राजा राम थे। अगर हम इतिहास को देखें तो हमेशा वही काल अच्छे रहे जब उस समय के शासक लगभग हर मामले में कुशल थे। क्योंकि उन्हीं कुशल शासकों ने अपने समय में पुरी शासन–व्यवस्था को जनता के हितों के उपयुक्त बना रखा था। इसलिए मैं कह रहा हूँ कि यदि आज भी हमारे शासक अर्थात नेता तथा मंत्री चाह लें तो पूर्ण रामराज ला सकते हैं। पर इसके लिए ज़रूरी है कि हमारे शासक अर्थात् नेता तथा मंत्री कुशल हों तथा उनमें राम–राज्य लाने की प्रबल इच्छा हो। अतः हम यदि केवल सही लोगों को नेता तथा मंत्री बना दें तो बाकी सब अपने आप हो जायेगा पर इसके लिए हमें संसद में योग्य नेता तथा मंत्री ही चुनकर भेजने होंगे।

# 4

# भ्रष्टाचार

आज हर दिन नये–नये घोटाले सामने आ रहे हैं। इन घोटालों की रकम भी दिनों–दिन बढ़ती ही जा रही हैं। क्यों कोई भी इन घोटालों को रोक नहीं पा रहा। इन्हें रोकने के लिए ऊपर में एक ऐसे नेता की ज़रूरत है जो अपने निजी स्वार्थ के बारे में न सोचते हुए देश के बारे में सोचे। अगर हम अपने परिवार को एक देश की तरह लें तो हम यह आसानी से समझ सकते हैं कि घोटालों को कैसे रोका जा सकता है। जैसे परिवार का मुखिया अपने सारे फैसले परिवार के हित को ध्यान में रखकर लेता है वैसे ही हमारे मंत्री तथा प्रधानमंत्री जी को भी सारे फैसले देशहित में लेने चाहिए चाहे वह कितना भी कड़वा क्यों न हो और चाहे अपना गद्दी भी छोड़ना क्यों न पड़े। अगर परिवार का कोई सदस्य चोरी करता है तो परिवार का मुखिया उसे डाँटता है या कोई और कड़ी सजा देता है, न की चुप बैठकर तमाशा देखता है या खुद भी चोरी में शामिल हो जाता है।

आज न्यूज चैनलों तथा समाचार पत्रों में आ रही खबरों को देखकर तो ऐसा लगता है जैसे सभी नेता, मंत्री, उद्योगपति मिलकर देश को लूट रहे हैं। कल्पना कीजिए कि किसी परिवार का मुखिया यदि किसी

सदस्य के चोरी करने पर उसे डाँटने या सजा देने की जगह खुद भी अपने ही परिवार के आय तथा सम्पत्तियों का चोरी करने लगे तो उस परिवार का क्या होगा। आप कहेंगे वह परिवार जल्दी ही बर्बाद हो जायेगा, बिखर जायेगा। संभव है परिवार में बंटवारा भी हो जाय। छोटे स्तर पर चोरी के परिणाम स्पष्ट तथा जल्दी दिखते हैं पर राष्ट्रीय स्तर पर इसके परिणाम देर से दिखेंगे और जब इन भ्रष्टाचार, घोटालों के परिणाम सामने आयेंगे तब कोई कुछ नहीं कर पायेगा। पूरा का पूरा देश मुसीबत में आ जायेगा।

आखिर हमारे मंत्री तथा प्रधानमंत्री कुछ करते क्यों नहीं। वे क्यों आये दिन सामने आ रहे घोटालों को रोक नहीं पा रहे। इसका कारण है उनकी मिलीभगत। आप यह बात तो ज़रूर स्वीकार करेंगे कि यदि आप ईमानदार हैं तो अपने नीचे किसी भी प्रकार की चोरी नहीं होने देंगे और यदि आप में ईमान नहीं है तो किसी दूसरे को चोरी करते पकड़ने पर उससे अपना हिस्सा लेकर उसे छोड़ देंगे। अर्थात आप भी उस चोर के साथ मिल जायेंगे। आज की परिस्थिति कुछ ऐसी ही है। आज कई नेता तथा मंत्री या तो खुद चोर हैं या चोरों को शह दे रहे हैं। तो फिर ऐसे में वे शायद ही कभी भ्रष्टाचार पर काबू करने का प्रयास करेंगे। प्रधानमंत्री की अपनी मजबूरी है। वे एक मिलीजुली सरकार चला रहे हैं। यदि वे किसी भ्रष्ट मंत्री के खिलाफ कुछ करते हैं तो भ्रष्ट मंत्री अपने साथ एक बहुत बड़े दल के साथ सरकार से समर्थन वापस ले लेगा और सरकार गिर जायेगी। मैं पुनः यही बात दुहराऊँगा कि यदि हमारे नेता तथा मंत्री सच्चे तथा गद्दी के लालची न हों झूठ के आगे झुकने की बजाय अपनी गद्दी ही छोड़ने को तैयार रहें तो भ्रष्टाचार क्या, देश की हर समस्या अपने–आप खत्म हो जायेगी।

# 5

# काला धन

हम आये दिन यह सुनते हैं कि भारत का बहुत बड़ा पैसा विदेशी बैंकों में काले धन के रूप में जमा है। यह कितना है इसका ठीक से अंदाजा किसी को नहीं है पर यह बहुत बड़ी राशि है। हो सकता है यह इतनी ज्यादा हो कि हमारे देश का सारा विदेशी कर्ज चुका दिया जाय। इस काले धन को जो कि विदेशों में रखा है, उसे भारत लाया क्यों नहीं जा रहा। यह सुनने में आया है कि विदेशों में जमा काला धन कई बड़े नेताओं का, कई IAS IPS officers का तथा कई उच्च पदधिकारियों का है। यदि नेताओं का पैसा विदेशी बैंकों से काला धन के रूप में जमा है तो वे कभी भी उसे वापस लाने का प्रयास नहीं करेंगे। लेकिन उन लोगों ने एक बात नहीं सोची। उन लोगों ने जो पैसा विदेशों में रखा है वह किसी और देश के विकास में खर्च हो रहा है। ऐसा नहीं है कि बैंक दिवालिया नहीं होते। पिछले 4-5 वर्षो में ही हमने देखा है कि कई बड़े–बड़े बैंक़ दिवालिया हो गये। अगर कहीं वे बैंक दिवालिया हो गये जिसमें काला धन जमा करके रखा गया है तो क्या होगा। वह सारा का सारा धन डूब जायेगा। मगर डूबने से पहले उस पैसे को कोई न कोई किसी न किसी रूप में इस्तेमाल ज़रूर

कर लेगा। रुपया सिर्फ रुपया नहीं होता, वह सम्पत्ति का एक रूप होता है। अगर हमारे रुपये का इस्तेमाल किसी दूसरे देश या विदेशी के उपयोग में खत्म हो जाय तो इसका मतलब है कि हमारे देश की सम्पत्ति को दूसरे देश पर बेवजह खर्च कर दिया गया। जिन लोगों ने विदेशों में करोड़ों–अरबों रूपया रखा हुआ है वे शायद एक बात भुल गये हैं कि एक न एक दिन उन्हें भी मरना है। और जब वे मरेंगे तो सबकुछ यहीं रह जायेगा। हो सकता है उनके मरने के बाद वो सारा पैसा जो विदेशों में रखा है वह हमेशा के लिए वहीं रह जाए, कोई इसे भारत में ला भी न पाये। ठीक इसी तरह जैसे हमारे बैंकों में कभी–कभी कुछ रुपये Unclaimed रह जाते हैं। पर हमारे बैंकों के Unclaimed रकम हमारे देश के विकास में खर्च होता है, न कि दूसरे देश के विकास में।

पर यह काला धन आता कहाँ से है। निश्चित रूप से यह ऊँचे पदों तथा कुछ भ्रष्ट मंत्रियों के द्वारा गलत ढंग से कमाया गया रकम है जो वास्तव में उनका है ही नहीं। आज हमें ऐसे नेताओं तथा मंत्रियों की ज़रूरत है जिसमें लालच न हो और जो अपने सभी कानूनी आय के अतिरिक्त किसी अन्य आय पर बिल्कुल भी ध्यान न दे। वह इस सिद्धांत को मानने वाला हो कि 'संतोष परम् सुखम्'।

# 6

# क्रिमनलों का नेता बनना

याद करिये कंस तथा हिरण्यकस्यपु के राज जब कोई भी आम नागरिक अपनी समस्या को कानून–व्यवस्था तक नहीं ला सकता था क्योंकि गद्दी पर एक Criminal, एकं अधर्मी बैठा था। आज भी हमारे ऐसे कई MLA तथा MP हैं जिन पर कुछ Criminal Case चल रहे हैं। बिना आग के धुँआ नहीं उठता। अगर उनपर केस है तो सभी ऐसे नेताओं पर लगाये गये सारे के सारे केस बेबुनियाद नहीं हो सकते। उनमें कुछ न कुछ सच्चाई तो ज़रूर होगी। अगर Criminal MP या MLA बनते हैं तो उस क्षेत्र में कानून–व्यवस्था की आप क्या उम्मीद करेंगे। होना ये चाहिए कि Criminal छवि के लोग किसी भी सूरत में MP या MLA न बनने पायें। अगर वे ये तर्क देते हैं कि वे MP या MLA बनकर समाज की सेवा करना चाहते हैं तो इसका जवाब यह है कि यह ज़रूरी नहीं कि देश–समाज की सेवा करने के लिए MP या M.L.A ही बना जाय। ऐसे कई नामी समाजसेवी हुए जो MP या MLA नहीं थे।

अगर Criminal नेता बन जायें तो इसका सबसे बड़ा नुकसान यह है कि उस क्षेत्र में Law and Order की धज्जी उड़ जाती है क्योंकि Criminal नेता के साथ के लोग भी Criminal तथा असमाजिक तत्व

अपने नेता के जीत जाने पर एक खुल्ला सांड़ बन जाते हैं। नेता भी उन्हें रोक नहीं पायेगा क्योंकि फिर अगले चुनाव में उसे उन्हीं असमाजिक तत्वों की ज़रूरत पड़ेगी। ऐसे ही क्षेत्रों में व्यापारियों तथा दुकानदारों से जबरन चंदा, उस क्षेत्र में कोई भी सरकारी काम होने पर ठेकेदारों से चंदा वसुला जाता है तथा लड़कियों से छेड़छाड़ की घटना बढ़ जाती है। अतः किसी भी हालत में अपराधी छवि के लोग MP या MLA नहीं बनने चाहिए।

# 7

# मूल नीतियों में अदूरदर्शिता

आज जब हम देश की कई नितियों पर विचार करते हैं तो हमें बहुत अफसोस होता है कि ये कैसी नीति है। लगता है जैसे नीति बनाने वाले सिर्फ अल्पकाल के फायदे को ध्यान में रखकर नीति बनाते हैं। आज कई ऐसे चीजों का Export किया जा रहा है जो शायद नहीं होना चाहिए। बाजार में व्यापार दो वस्तुओं का होता है, एक जो हमें दुबारा नहीं मिलेगा, जैसे हमारे प्राकृतिक संसाधन– iron ore, कोयला, इत्यादि। दूसरा जो हमारे या प्रकृति के द्वारा जल्दी–जल्दी ही बनते रहते हैं जैसे अनाज, कपड़े, चमड़े इत्यादि। दूसरे प्रकार के वस्तु को Export करने में कोई नुकसान नहीं है क्योंकि यह तुरंत ही दुबारा बन जायेगा। परंतु पहले प्रकार के वस्तु को Export करने में सोचना होगा। मैंने सुना है कि चीन अपने देश के iron ore का इस्तेमाल नहीं कर रहा है। वह दूसरे देशों, खासकर भारत से iron ore आयात करता है और लोहा बनाकर खुद भी इस्तेमाल करता है तथा Export भी करता है। बचपन में मेरे मुहल्ले में एक शराबी रहता था जिसे शराब की इतनी लत लग चुकी थी कि शराब ही उसकी जिंदगी बन गई थी। अंत में घर के हर समान को, यहाँ तक की घर के चौखट और दरवाजों को भी बेचकर

उसने शराब पी। यह एक सच्ची घटना है। Iron ore या कोयले का निर्यात करना क्या घर के सामान बेचने के जैसा नहीं है। दूसरे देश अपना iron ore बचा रहे हैं। कल जब हमारा iron ore खत्म हो जायेगा तब हमें दूसरे देशों से कई गुना ऊँचे दामों पर लोहा खरीदना होगा।

हर वर्ष बजट प्रस्तुत करते समय ये कहा जाता है कि निर्यात से आयात अधिक है जिसके कारण हमारा वितीय घाटा बढ़ रहा है। यह भी सभी लोग जानते हैं कि आयात में अधिक रुपया पेट्रोल तथा डीजल के आयात में लगता है। इस बात पर कोई ध्यान नहीं देता कि पेट्रोल तथा डीजल के आयात को कम कैसे किया जाय। अगर हर शहर में सड़के अच्छी हों, चौड़ी हों तथा सार्वजनिक यातायात के साधन आरामदायक जल्दी पहुँचाने वाले हों तो बहुत से लोग अपने निजी वाहन की जगह सार्वजनिक वाहन का इस्तमाल करने लगेंगे। इसके अतिरिक्त अगर विचार किया जाय तो और भी दूसरे तरीके सामने आ सकते हैं। पर हमारे मंत्री जी को मतलब सिर्फ पेट्रोल के दाम बढ़ाने से है। उसका खपत कम कैसे हो इस पर सोचने की किसी को फुर्सत नहीं।

सिर्फ आयात–निर्यात की ही बातं नहीं। कई ऐसे दूसरे भी मुद्दे हैं जिनपर नितियां बनाते समय शायद दूरदर्शिता का ख्याल नहीं रखा जाता। जैसे–नदियों की सफाई पर कोई ठोस योजना नहीं, किसानों की हालत सुधारने के लिए भी कोई ठोस योजना नहीं, उत्पन्न अनाज को रखने की जगह नहीं।

असल में अगर कुछ नेताओं को छोड़ दिया जाय तो शेष सभी नेताओं में भविष्य को देखने की क्षमता नहीं है। अतः हमें संसद में सही मायने में योग्य लोगों को भेजना होगा या यूँ कहें कि कुछ ऐसा हो जाय कि संसद में केवल योग्य लोग ही जा पायें।

# 8

## किसानों को उनके अनाज का उचित मूल्य न मिल पाना

आज हम शहरों में चावल 20-25 रु. खरीदते हैं। पर किसानों से यह कितने में खरीदा जाता है, अधिक से अधिक 10 रुपये। हम गेहूँ खरीदते हैं 20 रु. किलो पर किसानों को इसकी आधी कीमत मिल पाती हैं। ऐसा ही किसानों के द्वारा उपजाये गये हर फसल के साथ होता है चाहे वह चावल हो, या गेहूँ या दाल या आलु या प्याज या अन्य कोई उपज। पर बीच की राशि जातीं कहाँ है। इसका जवाब हम सभी के पास है—बिचौलिये। जी तोड़ मेहनत करके फसल उगाता है किसान, जी तोड़ मेहनत करके रुपया कमा के उस फसल को खरीदते हैं हम पर उसका फायदा मिलता है किसी और को। क्या सरकार का काम यह देखना नहीं है कि हमारे द्वारा चुकाई जा रही अनाज की कीमत किसानों तक पहुँचे। यह सही है कि अनाज के खेत से हमारे घर तक पहुँचने में बीच के अन्य खर्च भी होंगे, पर इन खर्चों के बाद शेष राशि तो किसानों तक पहुँचने चाहिए। और यह संभव है, यदि बिचौलियों को मार्ग से हटा दिया जाय। जिस तरह से Petrol, diesel, LPG Gas, CNG Gas, जो कि Daily use की चीज़ है, का Distribution होता है वैसे

ही अनाजों का भी Distribution हो। सरकार किसानों से अनाज सीधे स्वयं खरीदे और यह अंतिम दुकानदारों को या हम तक सीधे बेचे तो उसके कई फायदे होंगे–

(i) किसानों को अधिक मूल्य मिलने से उनके जीवन स्तर में सुधार आयेगा।

(ii) नये रोजगार के अवसर मिलेंगे।

(iii) मंहगाई में दिनों दिन हो रही वृद्धि पर काबू किया जा सकेगा।

पर इसके पहले कुछ सतर्कता भी बरतनी होगी–

(i) हर जरूरतमंद को समय से पहले अनाज मिले अन्यथा जनता को अनाज खूले बाजार से कई गुणा अधिक दाम में खरीदने होंगे।

(ii) जनता जिस क्वालिटी का अनाज चाहे, उसे वहीं क्वालिटी मिले, अन्यथा उसे पुनः अनाज खुले बाजार से कई गुणा अधिक दाम में खरीदना होगा।

(iii) अनाजों के मांग तथा आपूर्ति में पूर्णतः सामंजस्य बनाना होगा अन्यथा लोगों में अफरा–तफरी मच जायेगी और प्रभाव सोच के बिल्कुल उल्टा हो जायेगा।

इसलिए हमें सिर्फ ऐसे नेताओं की जरूरत है जिनमें किसानों को उनका उचित मूल्य दिलाने की प्रबल इच्छाशक्ति हो। वह हर हालत में संकल्प कर लें कि बिचौलियों को पूर्णतः हटाना है। न सिर्फ किसानों के हितों का ध्यान रखे बल्कि उपभोक्ताओं के हितों का भी ध्यान रखें और उसे मनचाही अनाज उचित कीमत पर समय से पहले मिल जाय। अगर अनाज समय रहते जरूरतमंदों तक नहीं पहुँचा तो इसके परिणाम की कल्पना करने से भी डर लगता है। हमारे आज के नेताओं तथा मंत्रियों को देखकर तो ऐसा नहीं लगता कि वो बिचौलियों को हटाने की कोशिश कर रहे हैं।

# 9

# सरकारी विद्यालयों की खस्ता हालत

आज मैट्रिक तक सरकारी स्कूल में वही बच्चे पढ़ते हैं जिनके माता–पिता काफी गरीब होते हैं। अन्यथा जिनके पास थोड़ी–सी भी अच्छी आमदनी होती है वे अपने बच्चों को Private School में पढ़ाते हैं। Private School से पास हुए बच्चे भी सरकारी स्कूल के बच्चों से ज्यादा तेज होते हैं। ऐसा क्यों? जबकि मजे की बात यह है कि सरकारी स्कूल के शिक्षकों का वेतन प्राइवेट स्कूल के शिक्षकों के वेतन से कहीं अधिक होता है। इसके अलावा सरकार के द्वारा शिक्षा पर इतना खर्च करने के बावजूद निरक्षरता पूरी तरह खत्म नहीं हो रही है। किसी तरह से अपना नाम लिख लेना साक्षरता नहीं है। साक्षरता का मतलब इतना तो होना चाहिए कि किसी एक भी भाषा में सामान्य ऐसी किताब या अखबार या और कुछ जानकारी की चीजें पढ़ी जा सकें। इस कसौटी पर अगर हम साक्षरता के प्रतिशत को देखें तो शायद सरकार द्वारा दिये गये साक्षरता के प्रतिशत में उलट–फेर हो जाये। देश तथा समाज के विकास के लिए यह जरूरी है कि हर आदमी अपना अधिकार भी जाने और साथ में कर्त्तव्य भी। और इसके लिए हर व्यक्ति का साक्षर होना जरूरी है। आखिर ऐसा क्यों नहीं हो पाता कि सभी लोग पूर्णतः

साक्षर बन जायें। ऐसा नहीं है कि लोगों के पास समय नहीं है। मैंने देखा है कि गाँव के लोग खेती करने के बाद बचे अपने समय को व्यर्थ में गंवाते रहते हैं। जरूरत है कुछ ऐसे लोगों की जो उन्हें Motivate कर पायें। जैसे माँ–बाप बच्चों को चलना, बोलना, खाना, खेलना, काम करना सिखाते हैं, वैसे ही पढ़ना भी सिखा सकते हैं अगर यह अनिवार्य हो जाये। प्राथमिक शिक्षा को अनिवार्य करना भी कुछ लोगों को अटपटा जरूर लगेगा पर यदि इसे लागू कर दिया जाय तो यह असंभव भी नहीं है। हमें याद है तकरीबन 20-25 वर्ष पहले Voter ID Card नहीं होता था। उस समय शायद यह कोरा कल्पना ही लगता था कि हर व्यक्ति के पास Voter ID Card जैसा कोई ID Card भी होगा। पर यह संभव हुआ और आज हर व्यक्ति के पास Voter ID Card है। यह संभव हुआ, किसी न किसी के दृढ़ इच्छाशक्ति के कारण। अगर इसी तरह हमारे नेताओं तथा मंत्रियों में दृढ़ इच्छाशक्ति हो तो सही मायने में पूर्ण साक्षरता भी संभव है।

# 10

## करों की चोरी

आज देश का हर व्यापारी जानता है कि Income Tax, Sales Tax, Excise तथा अन्य ऐसे ही कर वसुलने वाले विभागों में जमकर घूस चलता है। अगर कोई व्यापारी Sales Tax Office में घुस न दे तो वह फिर चाहे कितना भी नियम से Tax क्यों न जमा करे, Sales Tax वाले उसे तरह–तरह से परेशान करेंगे। ऐसी ही हालत Income Tax, Excise, जमीन के रजिस्ट्री ऑफिस तथा और अन्य सभी विभागों की है। ऐसे भ्रष्ट अधिकारियों पर क्या किसी भी तरह से लगाम नहीं लगायी जा सकती। उनके इन हरकतों के कारण देश को पूरा कर नहीं मिल पाता है और देश का उतनी तेजी से विकास नहीं हो रहा है। ऐसे भ्रष्ट अधिकारियों पर रोक लगाना संभव है यदि इन विभागों के Top पर एक पूर्ण ईमानदार आदमी हो और साथ में सरकार उसे ईमानदारी से काम करने दे। अन्यथा अगर कोई ईमानदारी से काम करना चाहे पर सरकार के कुछ मंत्री अपनी निज्री स्वार्थ के कारण ऐसा न चाहें तो फिर वे उस ईमानदार आदमी को हटवा देंगे। हमने कई बार सुना है कि न जाने कितने ही ईमानदार IAS Officers को Shunting Post दे दिया गया।

अतः मुख्य बात यह है कि करों की चोरी रोकने के लिए ईमानदार, देशप्रेमी मंत्री तथा Top पर भी ईमानदार अधिकारी चाहिए।

# 11

## पर्यावरण में प्रदूषण

आज हम हमेशा सुनते हैं कि हमारा पर्यावरण दिन–प्रतिदिन प्रदूषित होता जा रहा है। वायु प्रदूषण धीरे–धीरे बढ़ ही रहा है तो जल प्रदूषण और भी विकराल रूप लेता जा रहा है। नदियाँ धीरे–धीरे और गंदी हो रही हैं। हमारे देश की अधिकतर मुख्य नदियाँ इस हद तक प्रदूषित हो चूकी हैं कि इनका पानी सीधे पीने योग्य नहीं है। अगर ऐसा ही चलता रहा तो जरा सोचिये अगले 25-30 साल में क्या होगा। मान लीजिए आपके सामने एक शेर आ जाए तो आपके आँख बंद कर लेने से शेर चला नहीं जायेगा बल्कि ऐसा करने से वो आप पर और आराम से हमला कर पायेगा। इसकी जगह आप यदि आँख खोलकर उस शेर का सामना करें तभी उससे बचने का कोई उपाय निकल सकेगा। ठीक इसी तरह जो विकराल समस्याएं हमारे सामने आ रही हैं, उनके प्रति आँख बंद कर लेने से वे समस्याएं खत्म नहीं हो जायेंगी बल्कि वे और भी विकराल रूप धारण कर लेंगी।

मुझे पर्यावरण की बहुत चिंता हो रही है। हो सकता है आपमें से कुछ लोगों को भी हो रही हो। इस कारण मैंने इस दिपावली पर पटाखे नहीं जलाये। पर सिर्फ मेरे एक के ऐसा करने से कोई खास फर्क नहीं

पड़ेगा। फर्क तभी पड़ेगा जब पर्यावरण पर ध्यान वृहत स्तर पर दिया जाय और यह तभी होगा जब हमारे नेता तथा मंत्री चाहेंगे। इसलिए पुनः एक बार मैं यही कहूँगा कि हमें कर्मठ नेता तथा मंत्री की आवश्यकता है जिनका आज के राजनीति में अत्यंत अभाव है।

# 12

## बाहरी देशों से खतरा

आज हमें यदि किसी देश से सबसे अधिक खतरा है तो वह है चीन और उसके बाद पाकिस्तान। अकेले पाकिस्तान से लड़ने में तो हम पूरी तरह सक्षम हैं, पर क्या हम चीन से लड़ने में सक्षम हैं? यह एक विवादास्पद सवाल है। पर एक बात तो सत्य है कि आज हमारे पास चीन के जितनी ताकत नहीं है। यह बात अलग है कि हमारे सैनिकों में हिम्मत तथा हौसला अधिक है। पर आज के हाईटेक युद्ध में हिम्मत से कितनी बात बनेगी, यह भी सोचने वाली बात है। उस पर कल्पना करिए कि यदि चीन और पाकिस्तान ने मिलकर एक साथ हम पर हमला कर दिया तब क्या होगा। ऐसा डर मुझे इसलिए लग रहा है क्योंकि पिछले कुछ वर्षों में चीन तथा पाकिस्तान में घनिष्ठता बढ़ी है। अंग्रेजों से आजाद हुए में 65 वर्ष से अधिक हो गये। 65 वर्ष एक बहुत लम्बा समय होता है। इन वर्षों में हमारे देश में सुरक्षा के क्षेत्र में उतना नहीं हुआ जितना होना चाहिए था। जबकि इस मामले में हमें ज्यादा सजग होना चाहिए क्योंकि चीन जैसे शक्तिशाली देश से हमारे संबंध अच्छे नहीं है। हमारे नेताओं ने सबकुछ भगवान भरोसे छोड़ दिया और खुद तैयार होने के बजाय कभी रूस तो कभी अमेरिका के तलवे चाटते रहे।

इसके अलावा अब सुनने में यह भी आ रहा है कि नेताओं, मंत्रियों और अन्य बड़े अफसरों की देखा–देखी सेना में भी भ्रष्टाचार अपना पैर फैला रहा है। अगर सेना में भ्रष्टाचार बढ़ा तो यह पूरे सेना को खोखला कर देगा और फिर कोई भी देश हम पर हमला करके हमें हटा सकता है और अपनी बात हमसे मनवा सकता है। इस लिहाज से भी आज हमें साफ–सुथरे छवि वाले तथा दूरदर्शी नेताओं तथा मंत्रियों की आवश्यकता है।

# 13

# नक्सलवाद की समस्या

जो लोग बंगाल, झारखण्ड, उड़ीसा, आंध्र प्रदेश जैसे राज्यों से संबंधित हैं, वे अच्छी तरह जानते हैं कि नक्सलवाद क्या है। यह क्यों है? इसके कई कारण हैं पर एक कारण हमारे सिस्टम का दोष भी है। यह बात सत्य है कि हथियार किसी समस्या का हल नहीं है पर जिन लोगों ने नक्सलवाद के नाम पर हथियार उठाया है वे काफी गरीब लोग रहे हैं। आजादी के कई वर्षों बाद भी सरकार ने गरीबों तथा पिछड़े लोगों पर ध्यान नहीं दिया और वे हमेशा ही उपेक्षित रहे। नीतियां हमेशा ऐसी ही बनीं जिससे अधिक से अधिक अपने पार्टी का प्रचार हो। गरीबों को वास्तव में कितना फायदा मिला, इस पर कोई ध्यान नहीं दिया गया। यहाँ तक तो फिर भी ठीक था, पर इसके ऊपर कुछ सरकारी तंत्रों ने उनका शोषण भी किया। ऐसे गरीब लोगों को जब हर तरफ से धोखा ही मिला, तो उन लोगों ने दूसरों के बहकावे में आकर हथियार उठा लिया। आज नक्सलियों का प्रभाव इतना बढ़ गया है कि पुलिस भी उनके इलाके में जाने से डरती है। अब तो कई बार यह भी सुनने में आता है कि इन नक्सलियों ने ISI से हाथ मिला लिया है। अर्थात् अब देश की सुरक्षा पर भी खतरा बन रहा है।

पर मूल प्रश्न यह है कि यह समस्या आई ही क्यों और अगर आई भी तो इतना विकराल रूप कैसे धारण कर ली। जवाब है, दुनिया में हर कोई शांति से अपने परिवार के साथ जीना चाहता है। जब पूरा भारतवर्ष एक होकर अंग्रेजों से लड़ा तथा सबने मिलकर आजादी हासिल की तो सबको यही उम्मीद थी कि जीवन स्तर में सुधार होगी। पर जो भी लोग नेता तथा मंत्री बने तथा साथ में उच्च पदों पर बैठे लोगों ने, आम लोगों के उम्मीदों पर कोई ध्यान नहीं दिया और ओछी तथा घटिया राजनीति पर उतर आये। गांवों में रह रहे 70% लोगों के जीवन स्तर को सुधारने पर कोई खास ध्यान नहीं दिया गया। तब ये लोग धीरे–धीरे कुछ देशद्रोहियों के बहकावे में आ गये और आ भी रहे हैं। जिस तरह से अन्य राज्यों में भी किसान उग्र आंदोलन कर रहे हैं, उससे हमें तो डर लगता है कि नक्सलवाद और राज्यों में भी न फैल जाये। अगर समय रहते किसानों तथा पिछड़े लोगों के जीवन स्तर को सुधारने के लिए कोई ठोस कदम नहीं उठाये गये तो आगे भी किसान अवश्य आंदोलन करेंगे और नक्सलवाद की समस्या और भी बढ़ेगी। यहां ठोस कदम उठाने का मेरा मतलब यह नहीं है कि उन लोगों को सलाना कुछ रुपये दिये जायें बल्कि कुछ ऐसा किया जाय जिससे ये लोग खुद ही अपने मेहनत का उचित मूल्य पा सकें। इसके लिए हमें ईमानदार तथा ऐसे नेता की जरूरत है जो किसानों तथा गरीबों की मूल समस्या को समझे न कि आज जैसे ऐसे नेता की जो सिर्फ भाषण दे।

# 14

## खाद्य तथा पेय पदार्थों में मिलावट

आज हम सभी यह जानते हैं कि हमें जो खाना मिल रहा है उसमें कई तरह के ऐसे किटनाशक दवाईयां तथा Chemicals मिले हैं जो हमारे लिए काफी हानिकार हैं। ऐसे मिलावटों को कोई रोकता भी नहीं। जिन सरकारी संस्थाओं पर इसकी जिम्मेदारी है वे आराम से सो रहे हैं और जिस मंत्रालय पर इसकी जिम्मेदारी है उसे भी शायद इससे कोई खास मतलब नहीं है। कल्पना करिए कि किसी ऐसे आदमी को इन मिलावटों को रोकने का जिम्मा सौंपा जाए जिसका अपना बेटा ऐसा ही मिलावटी खाना खाकर मर गया है। निस्संदेह वह कभी भी किसी भी खाद्य पदार्थ में किसी तरह की भी मिलावट नहीं होने देगा। तो ऐसा जज्बा हमारे मंत्रीजी में क्यों नहीं हैं। शायद उनमें दूसरों का दर्द समझने की क्षमता नहीं है। उन्हें शायद यह पता ही नहीं है कि मिलावटी खाना खाने से क्या होता है और अगर पता है तो दूसरों के दर्द तथा तकलिफों से कोई मतलब नहीं है। वे अगर चाहें तो किसी भी खाद्य या पेय पदार्थ में किसी भी तरह की मिलावट न हो। हमें आज ऐसे मंत्री की जरूरत है जिनमें दिल से आम लोगों के लिए कुछ करने का जज्बा है जिसकी आज के नेताओं तथा मंत्रियों में कमी है।

# 15

## तकनीकि विकास में कमी

हम सब यह जानते हैं कि द्वितीय विश्वयुद्ध में जापान को कितना नुकसान हुआ और वह लगभग बर्बाद हो गया। पर उसके बाद उसने पुनः काफी विकास किया। आज जापान की क्षमता या ताकत मात्र एक चीज से है और वो है—Technology। जापान, चीन, कोरिया तथा कुछ और देशों ने Technology के क्षेत्र में काफी अच्छा काम किया। हमने Technology में विकास क्यों नहीं किया? आज हमारे देश के छात्र दुनिया के सभी देशों से अधिक प्रतिभावान हैं पर वे दूसरे देशों में जाकर केवल नौकरी करते हैं। भारत के अंदर कोई भी रिसर्च क्षेत्र में जाना नहीं चाहता। अधिकतर लोग इंजिनियरिंग या डाक्टरी की पढ़ाई करके केवल नौकरी करना चाहते हैं। सरकार ने भी नये रिसर्च पर कोई खास ध्यान नहीं दिया और केवल दूसरे देशों से नये Technology खरीदने पर ही जोर देती रही। अगर शुरू से ही सरकार नये Technology के विकास पर ध्यान देती तो शायद हम भी Technology के क्षेत्र में आगे होते। चीन यूँ अपने Technology का इस्तेमाल कर सस्ते Products हमारे देश में न बेच पाता। नये Technology खरीदने में हमारा काफी रुपया भी बचता। अतः हमें एक जागरूक तथा कर्मठ नेता की आवश्यकता

है जो देश के हर क्षेत्र में विकास पर ध्यान दे और केवल बोलने की जगह कुछ करके दिखाये।

# 16

## समस्याएं

इतनी सारी समस्याओं पर विचार करने के बाद भी यही लगता है कि ये तो केवल मूख्य समाचार की तरह दिखने वाली कुछ खास समस्याएं हैं। समस्याओं की लिस्ट इतनी लम्बी है कि क्या कहा जाये। एक तरफ भूखमरी है तो दूसरी तरफ लाखों टन गेहूँ और चावल सरकार की लापरवाही के कारण सड़ रहे हैं। एक तरफ किसान इसलिए आत्महत्या कर रहा है क्योंकि उसके फसलों की उचित कीमत उसे नहीं मिल रही, तो दूसरी तरफ हम मध्यमवर्गीय लोग अनाजों के बढ़ती कीमतों को चुकाकर परेशान हैं। एक तरफ सरकारी कार्यालयों में सीटें खाली हैं तो दूसरी तरफ बेरोजगारी है। महँगाई दिनों–दिन और बढ़ रही है। हम जितना अधिक कमाते हैं, महँगाई उतनी ही अधिक बढ़ जाती है। मृगमरीचिका की तरह, इसका कोई अंत नहीं। उच्च शिक्षा तो छोड़िये, अब प्राथमिक शिक्षा भी इतनी महगी हो गई है कि घर की आय का एक बड़ा हिस्सा स्कूल फीस में ही चला जाता है। यह ऊँची फीस ऐसा नहीं है कि सरकार के जरिए जनता तक पहुँच रही है बल्कि यह कुछ निजि लोगों के हाँथों में जा रही है। अपनी गाड़ी लेकर निकलिये तो सड़कें खराब। एक तरफ देश में डॉक्टरों की भयानक कमी है तो दूसरी तरफ सरकार नए मेडीकल कॉलेज बनाने पर कोई

ध्यान नहीं दे रही। नेता वोट पाने के लिए कुछ भी बोल रहे हैं, चाहे इससे देश का बंटवारा ही क्यों न हो। कोई भाषा के आधार पर देश को बांट रहा है, तो कोई धर्म के नाम पर, तो कोई क्षेत्रवाद के नाम पर।

कोर्ट में जाइये तो न्याय मिलने में इतनी देर होती है कि कुछ कहना ही बेकार है। कहा गया है, Justice delayed is Justice Denied। लोगों का चरित्र दिनोंदिन गिरता ही जा रहा है। जहाँ लोग पहले कहते थे 100 में 80 ईमानदार, वहीं अब कहते हैं 100 में 80 बेईमान। देश की चिंता शायद ही किसी नेता या मंत्री को हो।

अधिकतर TV चैनलों पर ऐसे धारावाहिक दिखाये जाते हैं जिससे हम अपनी संस्कृति से दूर हो रहे हैं। कोई कुछ भी कहानी बना लेता है और धारावाहिक के जरिये उसे ऐसे प्रस्तुत करता है जैसे यही असल जिंदगी है, जबकि असल जिंदगी ऐसे कहानियों से कोसों दूर होती है। ऐसे धारावाहिकों पर रोक लगाने वाला भी कोई नहीं–

हमारे नेता तथा मंत्रीगण सबकुछ जैसा चल रहा है वैसा चलने दे रहे हैं। जब कभी मीडिया के कारण कुछ दबाव बना तो कुछ जोशीले भाषण देकर सबकुछ शांत कर देते हैं। मामलों को कैसे दबाया जाता है, कोई इनसे सिखे।

# 17

# संस्था

अभी तक पढ़कर आप लोग यही सोच रहे होंगे कि इसे (मुझे) क्या हो गया है। ये तो नेताओं के पीछे ही पड़ गया है। हर समस्या का कारण नेताओं को ही बना रहा है। पर इसके पीछे मेरे पास एक ठोस वजह है जिसके कारण मैं नेताओं तथा मंत्रियों को ही हर समस्या की जड़ बता रहा हूँ। मैं अपनी बात एक उदाहरण से समझाता हूँ :

अगर ऐसी संस्था की बात करें तो जो संस्था सबसे Common है और जिसे हर कोई जानता है तो वह है पुलिस विभाग। तो हम पुलिस विभाग का ही उदाहरण देते हैं। अगर केवल जिला स्तर पर ही बात करें तो जिले में पुलिस का Head होता है SP, SP के नीचे होता है DSP, फिर उसके नीचे Inspector, फिर सिपाही। अब जैसा हम सुनते हैं, मान लिजिए उस जिले का पूरा का पूरा पुलिस विभाग भ्रष्ट है, सबके सब घुसखोरी में लगे हैं, जनता की परेशानियों तथा कानून–व्यवस्था से किसी को मतलब नहीं। पर मान लीजिए सबसे नीचले स्तर में काम कर रहे कुछ सिपाही ईमानदार हैं। अब आप हमें बताइये कि अगर निचले स्तर के कुछ सिपाही ईमानदार हों, तो क्या वे पूरे जिले के पुलिस विभाग को ठीक कर सकते हैं? आप निश्चित रूप से कहेंगे–असंभव,

वे कुछ नहीं कर पायेंगे। अब मान लिजिए सब के सब भ्रष्ट हैं पर सिर्फ जिले का S.P. ईमानदार है, तो वो क्या कुछ कर पायेगा? अब हम सब कहेंगे वह बहुत कुछ कर पायेगा। उसके पास Power है। उसके नीचे काम कर रहा कोई भी DSP, Inspector या पुलिस यदि कोई गलत काम करें तो वह उसे डांट सकता है, उसे रोक सकता है या उसे सस्पेंड भी कर सकता है। नौकरी जाने का डर हर नौकरी वाले को होता है। इसलिए जब सबको अंदेशा हो जायेगा कि गलत काम करने से S.P. सस्पेंड भी कर देगा, तब सारे DSP, Inspector तथा पुलिस वाले अपने आप ही गलत काम करना बंद कर देंगे। वास्तव में होता भी ऐसा ही है। किसी जिले में कोई ईमानदार S.P. आ जाए तो उस जिले में गैर–कानूनी धंधे बंद हो जाते हैं।

कहने का तात्पर्य यह है कि यदि किसी विभाग का Head ईमानदार हो तो नीचे वाले अपने आप ठीक हो जाते हैं क्योंकि उसके पास Power होती है। पर अगर नीचे वाले ईमानदार हो, तो भी वे उपर वालों को नहीं सुधार सकते।

यही कारण है जिसकी वजह से मैं नेताओं तथा मंत्रियों को ही हर समस्या का दोषी बता रहा हूँ। हमारे मंत्री हर विभाग के Top पर बैठे होते हैं। अतः वे चाहें तो नीचे वालों को सुधार सकते हैं, जैसा चाहें वैसा काम उनसे करवा सकते हैं। पर अगर नीचे वाले ईमानदार हों, वे उपर वालों को नहीं सुधार सकते।

इसीलिए मैं बार–बार कह रहा हूँ कि हमें ईमानदार, कर्मठ, देशप्रेमी, दूरदर्शी, आम लोगों तथा गरीबों के दुख तथा तकलीफ समझने वाला नेता–मंत्री चाहिए।

# 18

## भ्रष्टाचार

हम अगर इतिहास को देखें तो पायेंगे कि न सिर्फ भारत में बल्कि दुनिया के हर देश में सुख, समृद्धि, शांति, चौतरफा विकास तभी रहा जब उस देश का नेतृत्व कोई कुशल व्यक्ति कर रहा था। अगर Top में सही आदमी बैठा है तो सब कुछ अपने आप ठीक हो जाता है। भ्रष्टाचार स्वतः गायब हो जायेगा क्योंकि जब Top में बैठा आदमी ईमानदार है तो उसके नीचे वाले, और फिर उसके नीचे वाले, और इस तरह सभी लोग खुद ही ईमानदार बन जायेंगे या बनना पड़ेगा। कानून–व्यवस्था अपनी अच्छाईयों के चरम पर पहुँच जायेगी क्योंकि Top में बैठा आदमी अंधा और बहरा नहीं होगा।

अगर हम भारत के स्वर्णिम कालों को याद करें तो वे काल चंद्रगुप्त, अशोक, हर्षवर्धन, अकबर के शासन–प्रशासन के थे और इन सभी में एक कुशल नेतृत्व की क्षमता थी।

अगर हम चाहते हैं कि हमारा भारत पुनः सोने की चीड़िया बने और दुनिया का सबसे समृद्ध तथा विकसित देश हो जाये तो हमें बस एक काम करना होगा कि Top में अर्थात् नेता, मंत्री तथा प्रधानमंत्री पद पर ऐसे आदमी को बैठायें जो कर्मठ हो, ईमानदार हो, जिसमें सच्ची

देशभक्ति हो, जिसके आखों में भारत को चरम ऊचाईयों पर पहुँचाने का सपना हो तथा इन सपनों को साकार करने के लिए दृढ़ संकल्प हो, जिसका पिछला Track Record साफ–सुथरा हो, जो हर जात तथा हम धर्म के प्रति एक समान भावना रखता हो और उसे भविष्य में आने वाले संकटों का अनुमान हो। पर इन सब के ऊपर उसमें दो गुण कूट–कूट कर भरे होने चाहिए–ईमानदारी या सच्चाई तथा कर्मठता।

मैं Top में बैठे लोगों में नेताओं (अर्थात् MP तथा MLA) को इसलिए शामिल कर रहा हूँ क्योंकि मंत्री या प्रधानमंत्री कौन बनेगा यह बात बहुत हद तक इन पर ही निर्भर करती है।

अब सवाल यह उठता है कि हम Top में योग्य आदमी को चुनकर लायें कैसे। जब चुनाव का समय आता है तब हर तरह के लोग चुनाव में खड़े हो जाते हैं चाहे योग्य हों या न हों, और कुछ के तो Criminal Records भी होते हैं। उस समय ये ही लोग कुछ न कुछ कर के वोट हासिल कर लेते हैं–गलत वोटिंग करके, लोगों के बहला–फुसला के, या लोगों के धार्मिक भावनाओं को भड़का के, या फिर गुंडई से। इस तरह वे चुनाव जीत जाते हैं।

एक चुनाव खत्म होने के बाद अगले पाँच वर्षो के बाद जब हम नजर डालते हैं तो पाते हैं कि जो भी चुनाव जीते थे, या जो मंत्री बन पाये, उनकी सम्पत्ति चुनाव के पहले की सम्पत्ति की तुलना में काफी बढ़ गई। वे कोई भी कारण बता दें, अधिकतर मामलों में सच्चाई क्या है यह कहने की बात नहीं, सभी जानते हैं।

हमें एक और बात पर भी गौर करना चाहिए कि आज चुनाव लड़ने के लिए जो भी लोग खड़े हो रहे हैं और जो भी नये लोग चुनाव के मैदान में आ रहे हैं उनके बारे में यह सभी लोग जानते हैं कि वे चुनाव लड़ने के लिए किसी भी तरह से योग्य नहीं हैं। सबसे दुख की बात यह है कि आज कोई भी सच्चा आदमी जिसमें सही मायने में नेता बनने की योग्यता है वह चुनाव लड़ना ही नहीं चाहता।

अगर ऐसा हीं चलता रहा और योग्य लोग संसद में नहीं आये तो यह भविष्य में लोकतंत्र के लिए एक बड़ा खतरा बन सकता है। यह ठीक उसी तरह की बात हो रही है जैसे परमाणु बम किसी सिरफिरे के हाथ में दे दिया जाय। जो भी लोग संसद में आते हैं उनके पास काफी Power होती है। वे देश को जिस दिशा में चाहें उस दिशा में ले जा सकते हैं। अब यह नेताओं तथा मंत्रियों पर निर्भर करता है कि वे देश को विकास की राह पर ले जाते हैं, या फिर उल्टे रास्ते पर। अतः हमें संसद में केवल योग्य व्यक्तियों को ही भेजना होगा।

एक बार संसद में योग्य व्यक्तियों को भेज देने से काम नहीं चलेगा क्योंकि बुरे लोग हमेशा इस फिराक में रहेंगे कि वे कब जल्दी से संसद में पहुँचें और उनके भी हाथों में Power आये। अर्थात् हमें एक ऐसा System बनाना होगा जो दो काम करे—

— पहला यह कि गलत आदमी को संसद में न पहुँचने दें,

— और दूसरा यह कि सिर्फ योग्य आदमी ही संसद में पहुँचें।

इसके लिए हमें अपने संविधान में कुछ फेरबदल करना चाहिए। मैं आगे जो भी कुछ कहने जा रहा हूँ उससे पहले कुछ और बातें भी कहना चाहता हूँ। हमारे वर्तमान संविधान के मुख्य रचयिता डा. अम्बेडकर साहब काफी विद्वान तथा देशप्रेमी थे। उन्होंने संविधान में जो भी प्रावधान रखे वे उस समय के अनुसार हर प्रकार से उचित थे। उन्होंने शायद कल्पना भी नहीं की होगी कि आज जैसी परिस्थितियाँ भी कभी आयेंगी जब भ्रष्टाचारी, Criminals, जात—पात, धर्म तथा भाषा के नाम पर भेद करने वाले लोग संसद में पहुंचने लगेंगे। अगर उन्हें इस बात का जरा सा भी आभास होता तो वे ऐसे लोगों को संसद में पहुँचने से रोकने के लिए कुछ न कुछ प्रावधान जरूर रखते।

मैं उन जैसा विद्वान तथा कानून का ज्ञाता तो नहीं हूँ पर आम लोगों के बीच रहकर, उनके विचार जानकर तथा जो मुझे लगता है वो मैं लिखने जा रहा हूँ। इन बातों का ये मतलब कभी नहीं निकालना

चाहिए कि हमारा वर्तमान संविधान अयोग्य है। कोई भी नियम जब बनता है तब वह मूलतः नियम बनने के समय के परिस्थितियों को ध्यान में रखकर ही बनाया जाता है। हमारे देश में पहले भी कई बार सुशासन के काल रहे हैं, जैसे–अशोक, अकबर, हर्षवर्धन इत्यादि के शासन काल। इन लोगों ने अपने समय के परिस्थितियों को ध्यान में रखकर कानून बनाये और ऐसी शासन–व्यवस्था कायम की जो कि हमेशा के लिए इतिहास के पन्नों में सुनहरे अक्षरों में दर्ज हो गई। अगर मैं कहूँ कि चूँकि इनके शासन काल काफी अच्छे थे अतः पुनः वैसी ही शासन व्यवस्था लागू कर दी जाय तो आप लोग हंसेंगे, क्योंकि ऐसी शासन व्यवस्था आज के समय के अनुसार उपयुक्त नहीं है।

मेरा कहने का तात्पर्य यह है कि जब भी कोई संविधान, नियम–कानून बनते हैं, वे बनने के समय ज्यादा उपयोगी होते हैं और सभी नहीं तो कुछ प्रावधानों में बदलती परिस्थितियों के अनुसार बदलाव होना ही चाहिए। क्योंकि परिवर्तन ही संसार का नियम है। अगर हम सबकुछ पहले जैसा ही चलने देने की कोशिश करें तो हम विकास नहीं कर पायेंगे। खानाबदोश तथा जंगली जीवन से सभ्यता तक मानव इसलिए पहुँच पाया क्योंकि उसने परिवर्तन को स्वीकार किया।

गलत तथा अयोग्य व्यक्तियों को संसद में पहुँचने से रोकने तथा सिर्फ योग्य व्यक्तियों को संसद में पहुँचाने के लिए हमें अपनी व्यवस्था में निम्न फेरबदल करने चाहिएः

**1. Political Party अर्थात् राजनीतिक पार्टी का Concept खत्म कर दिया जाये।**

मेरा कहने का तात्पर्य यह है कि हमारे देश में कोई भी राजनीतिक पार्टी न हो बल्कि इसकी जगह हर नेता अपने दम पर चुनाव जीतें और संसद में पहुँचें। अर्थात् चुनाव के मैदान में खड़ा हर व्यक्ति निर्दलीय हो।

**2. चुनाव में वोटिंग दो व्यक्तियों को चुनने के लिए हो, एक प्रधानमंत्री और दूसरा MP।**

अर्थात् प्रधानमंत्री MP। के द्वारा न चुने जाकर सीधे–सीधे आम जनता द्वारा चुनी जाय।

मेरे इस सोच या सिद्धांत के निम्न कारण हैः

(i) चुनाव के समय जनता को दो में से किसी एक को चुनना पड़ता है–मनचाहा प्रधानमंत्री या फिर मनचाहा Local MP अगर मैं यह जानता हूँ कि यदि फलां व्यक्ति देश का प्रधानमंत्री बन जाय तो देश के लिए अच्छा होगा तब मुझे उनकी ही पार्टी को वोट देना पड़ेगा, भले ही मेरे क्षेत्र में जिस नेता को उन्होंने टिकट दिया है वह योग्य नहीं है या मैं उसे नहीं चाहता हूँ। यदि में Local नेता को ध्यान में रखकर वोट देता हूँ तो हो सकता है वह नेता जीतने के बाद ऐसी सरकार का समर्थन करे जिसके मंत्री ठीक नहीं हों। अतः मुझे अपने क्षेत्र के MP तथा देश का प्रधानमंत्री दोनों को चुनने का अधिकार होना चाहिए क्योंकि Ultimately देश को चलाते प्रधानमंत्री ही हैं।

(ii) आज लगभग सभी राजनीतिक पार्टी के मुखिया कैसे भी सत्ता में आना चाहते हैं और इसके लिए ऐसे लोगों को टिकट दे देते हैं जो अपने चुनाव क्षेत्र में कैसे भी जीत हासिल करें–चाहे गुंडई से, या दंगा फैला के, या फिर भड़काऊ भाषण देकर, या कैसे भी। लेकिन राजनीतिक पार्टी के खत्म होने और प्रधानमंत्री के सीधे–सीधे चुने जाने से यह समस्या खत्म हो जायेगी।

(iii) सरकार के पाँच साल तक चलने की संभावना काफी बढ़ जायेगी और मध्यवर्ती चुनाव के खर्च का बोझ देश पर नहीं पड़ेगा। इससे देश का बहुत बड़ा खर्च बचेगा।

(iv) आज स्थिति ऐसी है कि जब किसी भी Party की सरकार बनती है तो उसे कई अन्य दलों का भी समर्थन लेना पड़ता है। ऐसे में कई

ऐसे नेता भी मंत्री बन जाते हैं जो किसी भी तरह से मंत्री बनने के योग्य नहीं हैं क्योंकि उनके दल का समर्थन सरकार बनाने के लिए लेना पड़ा। परंतु यदि सीधे तौर पर प्रधानमंत्री को चुना जाय और उसे अपना मनचाहा मंत्री चुनने का अधिकार हो तो वह मजबूर नहीं होगा कि इस व्यक्ति को ये मंत्रालय देना पड़े। वह योग्यता के अनुरूप ही मंत्रियों को चुनेगा और इस प्रकार देश के सभी मंत्री योग्य होंगे।

(v) आज मिली–जुली सरकार होने के कारण यदि सहयोगी दल का कोई मंत्री ठीक से काम नहीं कर रहा या भ्रष्टाचार में लिप्त हो रहा है तो प्रधानमंत्री को इस बात की जानकारी होने के बावजूद वे उस मंत्री को हटा नहीं सकते क्योंकि ऐसा करने से वह सहयोगी दल अपना समर्थन वापस ले लेगा और सरकार गिर जायेगी। इतना ही नहीं, यदि सत्तारूढ़ पार्टी का ही कोई ऐसा मंत्री है जिसका अपने पार्टी में एक अलग Group है तब वह भी अपना मनमानी करने के लिए आजाद है, और किसी भी प्रकार का गलत काम कर सकता है, पर उसे हटाया भी नहीं जा सकता, क्योंकि ऐसा करने पर वह इतने सारे MPs के साथ सरकार से बाहर हो जायेगा कि सरकार गिर जायेगी। पर राजनीतिक पार्टी के खत्म हो जाने से अगर प्रधानमंत्री किसी अयोग्य मंत्री को हटाते हैं तो वह मंत्री कुछ नहीं कर पायेगा। इस कारण प्रधानमंत्री बेखौफ होकर मंत्रियों पर लगाम लगा सकते हैं।

(vi) कई बार कुछ नेता या मंत्री देश विरोधी या देश को बांटने वाला भाषण भी देते हैं पर संसद उसके खिलाफ कुछ नहीं करता, क्योंकि ऐसा करने से उस नेता के साथ जुड़े नेता सरकार से अपना समर्थन वापस ले लेंगे। इसके अतिरिक्त वह नेता अपने क्षेत्र में ऐसे भड़काऊ भाषण देता है कि फिर आगे सतारूढ़ पार्टी को उस क्षेत्र में वोट लेने में परेशानी हो जाती है। इससे बचने के लिए गलत नेता पर कोई कार्रवाई नहीं की जाती। पर राजनीतिक पार्टी के खत्म होने तथा प्रधानमंत्री के सीधे–सीधे चुने जाने से यह समस्या भी खत्म हो

जायेगी, क्योंकि तब किसी भी अन्य नेता को उस गलत नेता पर कार्रवाई करने से अपने क्षेत्र में वोट न मिलने का खतरा नहीं रहेगा।

(vii) हर बात को समझना हर किसी के वश में नहीं होता। कोई व्यक्ति किसी बात को किस हद तक समझ पायेगा यह इस बात पर निर्भर करता है कि उसकी शैक्षणिक योग्यता क्या है तथा उसे काम का कितना अनुभव है। इसलिए हमें पढ़े–लिखे, जिनके पास कार्य अनुभव हो और जो सच्चे तथा ईमानदार हों, उन्हें संसद में भेजना होगा। पर ऐसे लोग शायद ही कभी किसी नेता या मंत्री के तलवे चाटेंगे और चुनाव लड़ने के लिए किसी राजनीतिक पार्टी का टिकट ले पायेंगे क्योंकि ऐसा करना उनके स्वभाव के विपरीत होगा। ऐसे लोग यह भी जानते हैं कि आज की राजनीतिक व्यवस्था में वे शायद ही कभी चुनाव जीत पायें। इसलिए वे चुनाव लड़ते भी नहीं हैं। पर राजनीतिक पार्टी Concept खत्म हो जाने से ऐसे लोगों की भी चुनाव जीतने की संभावना बढ़ जायेगी। और इसलिए वे भी चुनाव में खड़े होंगे।

(3) चुनाव में खड़े होने के लिए कुछ स्पष्ट तथा कड़े नियम हों और एक कमिटी हो जो चुनाव के उम्मीदवारों का प्राथमिक छटनी करे और अयोग्य लोगों को पहले ही बाहर कर दे:

यहाँ मैं यह कहना चाहता हूँ कि जिस प्रकार एक नौकरी पाने के लिए उम्मीदवारों का चयन होता है उसी प्रकार चुनाव के उम्मीदवारों को भी एक स्वतंत्र कमिटी चयन करे। कमिटी न सिर्फ नियमों को ध्यान में रखे बल्कि उम्मीदवार का कार्य अनुभव, पिछली संस्था (जहाँ उम्मीदवार काम करता था) में उम्मीदवार का आचरण, कोई विशेष उपलब्धि, मैनेजेरियल क्वालिटी, देश–समाज तथा भविष्य के बारे में उसकी सोच पर भी ध्यान दे। इस प्रकार कमिटी चुनाव में खड़े उम्मीदवारों में से कुछ योग्य उम्मीदवारों को चुनकर जनता के सामने पेश कर दे और आगे का फैसला जनता पर छोड़ दे।

ऐसा होने से चुनाव मैदान में गुंडे–बदमाश, Criminals, असामाजिक, अनपढ़ लोग नहीं आ पायेंगे। इसके अतिरिक्त आज कई ऐसे निठल्ले लोग भी चुनाव जीत जाते हैं जिन्होंने अपने जीवन में कोई काम नहीं किया। ऐसे लोगों से हम देश या क्षेत्र के विकास की क्या उम्मीद कर सकते हैं? पर कमिटी के बन जाने से ऐसे निठल्ले लोग न चुनाव में खड़े हो पायेंगे न जीत पायेंगे, क्योंकि उनके पास कार्य अनुभव नहीं होगा।

अब हम यह कह सकते हैं कि संविधान में प्रत्येक व्यक्ति को चुनाव लड़ने का मूल अधिकार प्राप्त है तथा ऐसा नियम बनाने से संविधान का उल्लंघन होगा और यह व्यक्ति के मूल अधिकार को छीन लेगा।

इसके जवाब में मैं यह कहना चाहूँगा कि यह सही बात है कि हर व्यक्ति को चुनाव लड़ने का अधिकार प्राप्त है। परंतु हम सभी यह भी जानते हैं कि जहाँ कहीं भी अधिकार होता है वहाँ कुछ कर्त्तव्य भी साथ में जुड़े होते हैं। अगर मुझे चुनाव लड़ने का अधिकार है तो साथ में मेरा यह कर्त्तव्य भी है कि मैं तभी चुनाव में खड़ा हूँ जब मुझमें MP बनने के सभी गुण सही मायने में विद्यमान हैं। अगर मुझमें MP बनने के सभी गुण हैं तो मुझे चुनाव में खड़ा होने से नहीं रोका जाना चाहिए। अर्थात् कमिटी इच्छुक व्यक्तियों में से कुछ को भले ही योग्य तथा कुछ को अयोग्य तय करे पर वह ऐसा करने में किसी निश्चित संख्या का ध्यान न रखे। अर्थात् इसकी कोई संख्या सीमित न हो कि एक क्षेत्र से केवल इतने ही व्यक्ति चुनाव में खड़े हो सकते हैं। इस प्रकार कोई भी व्यकित जो MP बनने के योग्य है वह चुनाव में खड़ा हो पायेगा और देशहित में केवल योग्य व्यक्ति ही चुनाव लड़ पायेंगे। ऐसा होने से किसी के अधिकारों का हनन भी नहीं होगा क्योंकि जिसमें योग्यता होगी उसे रोका नहीं जायेगा और जिसमें योग्यता नहीं हो उसे देश हित में चुनाव में खड़ा ही नहीं होना चाहिए। इसलिए अयोग्य लोगों को चुनाव लड़ने से रोक देना चाहिए।

योग्य व्यक्तियों के चुनने के मापदंड कुछ इस प्रकार होने चाहिए कि हर वह व्यक्ति जो देश तथा समाज के हित में काम कर सकता है, इच्छुक होने पर कमिटी के द्वारा चुना जा सके। इसके लिए निम्न बातों को ध्यान में रखा जा सकता है:

(i) उम्मीदवार की शैक्षणिक योग्यता क्या है।

(ii) उम्मीदवार को कितना कार्य अनुभव है। यह बात बहुत ही महत्त्वपूर्ण है। एक उम्मीदवार को कार्य अनुभव होना ही चाहिए। इससे उसे जमीनी हकीकत का पता चलेगा तथा हर वर्ग के लोगों की परेशानियों की समझ होगी। आज की व्यवस्था में कोई भी चुनाव में खड़ा हो सकता है भले ही उसने अपने जीवन में कोई काम नहीं किया। ऐसे ही लोग जब नेता या मंत्री बनते हैं तब अगले 5 वर्ष के लिए सो जाते हैं, क्योंकि उनमें कुछ करके दिखाने की दृढ़ इच्छाशक्ति नहीं होती।

(iii) पिछले कार्य अनुभव के दौरान उसकी खास उपलब्धियाँ क्या–क्या हैं। भाषण देना बहुत आसान पर कुछ करके दिखाना उतना ही मुश्किल। अगर उम्मीदवार ने अभी तक कुछ खास करके नहीं दिखाया है तो नेता बनाने से कुछ विशेष उम्मीद रखना बेकार है। अभी तक ऐसा हो रहा है कि जो कोई भी चुनाव में खड़ा होता है वह दो बातों के दम पर चुनाव जीतता है–भाषणबाजी तथा प्रचार–प्रसार। इसकी जगह अगर हमें कर्मठ नेता मिले तभी देश तथा समाज का विकास हो सकता है।

(iv) पिछले संस्था में कार्यकाल के दौरान उम्मीदार का आचरण क्या था? कहीं वहाँ उसने कुछ गलत या गैरकानूनी काम तो नहीं किया?

(v) उम्मीदवार का कोई Criminal Record तो नहीं है?

(vi) उम्मीदवार पर कोई मुकदमा तो नहीं चल रहा?

(vii) भविष्य के बारे में उम्मीदवार की क्या योजनाएं हैं और वह भविष्य के बारे में क्या सोचता है।

(viii) विश्व स्तर पर हो रहे बदलावों से वह कितना परिचित है?

(ix) जमीनी हकीकत की उसे कितनी जानकारी है?

(x) अन्य जरूरी बातें।

यहाँ हमारा उद्देश्य यह है कि जब Top में अर्थात् प्रधानमंत्री सच्चे मिल जायेंगे तब वे योग्य तथा कर्मठ व्यक्तियों को ही मंत्री बनायेंगे। इससे देश का तीव्र ही नहीं, अतितीव्र गति से विकास होने से कोई रोक नहीं पायेगा। इसके अतिरिक्त हमारे MP के भी योग्य होने से विकास में सहायता मिलेगी।

मैंने कई लोगों से यह कहते सुना है कि यदि हमारे नेता 100 में 20 खा भी जायें और शेष राशि ही देश के विकास में लगायें तब भी देश का बहुत विकास हो जायेगा। शायद यह बात बहुत हद तक सही भी है। परन्तु हमें एक और बात का भी ध्यान रखना चाहिए कि जिस किसी का भी Character, ईमान गिर गया है, Moral खत्म हो गया है, वह 100 में 20 खायेगा या 100 में 95, या फिर 100 में 100 इसकी कोई गारंटी नहीं है। दूसरी बात, जब कोई मंत्री भ्रष्टाचार में लिप्त होगा तब उसके नीचे के अधिकारी चुप बैठकर नहीं देखेंगे बल्कि वे भी यथासंभव ऊपरी आय के बारे में जरूर सोचेंगे। इस प्रकार यदि नेता 100 में 20 खायेगा और फिर उसके नीचे वाले अधिकारी भी कुछ खायेंगे तो अंत में जनता के पास 20-25 ही पहुँच पायेगा। चूँकि मंत्री भ्रष्ट है, इसलिए वह अपने अधीन अधिकारियों को भी खाने से रोक नहीं पायेगा। हम सबने कई बार सुना है कि पहले यदि किसी काम के लिए Tender निकलता था तब Contractor को Tender Amount का बहुत बड़ा हिस्सा मंत्री, नेता तथा सरकारी अधिकारियों और कर्मचारियों को देना पड़ता था। इस कारण Contractor भी काम के Quality पर ध्यान नहीं देता था, क्योंकि उसके काम पर नजर रखने वाले पहले से भ्रष्ट

हैं और उनका मूँह बंद है। परिणामतः काम बहुत ही घटिया Quality का होता था। जिस सड़क को 5 साल चलना चाहिए वह एक बरसात भी पार नहीं कर पाती थी।

ऐसा नहीं है कि आज नेता, मंत्री तथा सरकारी कर्मचारी ने घूस लेना बंद कर दिया है। इसकी जगह अब वे Tender निकालते समय Tender Amount को ही इतना बढ़ा देते हैं कि सभी को घूस की रकम भी मिल जाती है और काम भी ठीक–ठाक हो जाता है। अर्थात् जो काम 100 रुपये में हो सकता है अब उसे 200 रुपये में कराया जाता है। काम की Quality फिर भी कुछ खास नहीं सुधरती क्योंकि Quality पर Control करने वालों का मुँह आज भी बंद है। पर इससे देश का खर्च जरूर बढ़ जाता है।

परंतु यदि मंत्री ईमानदार हो तो वह अपने अधीन दूसरे कर्मचारियों को भी घूस लेने नहीं देगा। जब कोई कर्मचारी घूस नहीं लेगा तब वह निश्चित रूप से अपना काम ईमानदारी से करेगा और Contractor के काम की Quality पर भी ध्यान देगा। इस प्रकार 100 रुपये का काम न सिर्फ 100 रुपये में होगा बल्कि काम की Quality भी बढ़िया होगी।

(4) कोई भी व्यक्ति अपने जीवनकाल में दो से अधिक बार प्रधानमंत्री नहीं बन सकता।

# 19

# प्रधानमंत्री, मंत्री तथा नेताओं पर Control

अगर सब कुछ पहले लिखे सुझावों के अनुसार कर दिया जाए तो ऐसा भी संभव है कि कभी कोई प्रधानमंत्री या मंत्री किसी भी हद तक अपनी मनमानी करे। अतः इन सब पर Control रखना भी जरूरी है।

इसके लिए दो काम किये जा सकते हैंः

लोकसभा के सदस्य ही प्रधानमंत्री तथा मंत्री पर Control रखें। उदाहरण के लिए, मान लिजिए एक नियम बना दिया जाय कि 75% (या ऐसा ही कुछ और %) या उससे अधिक लोकसभा के सदस्य एक साथ मिलकर किसी मंत्री या प्रधानमंत्री को हटा सकते हैं। ऐसा होने से जब कभी भी अधिकतर लोकसभा सदस्यों को लगेगा कि कोई मंत्री या प्रधानमंत्री ठीक से काम नहीं कर रहे तब वे मिलकर उसे हटा पायें। पर ऐसा कोई भी % तय करने से पहले इस बात का ध्यान रखा जाये कि यह % इतना अधिक भी न हो कि कभी किसी मंत्री या प्रधानमंत्री को हटाना असंभव हो और यह इतना कम भी न हो कि कुछ कड़े फैसले लेने पर मंत्रियों तथा प्रधानमंत्री को अपने पद से हटाये जाने का डर हो।

(2) राज्यसभा का भरपूर उपयोग किया जाये और उनकी जिम्मेदारियाँ बढ़ा दी जाये। पर वर्तमान राज्यसभा में भी कुछ बदलाव होना चाहिए, खासकर राज्यसभा के सदस्यों के चुनाव में।

आज राज्यसभा के सदस्यों का अप्रत्यक्ष चुनाव होता और राज्य–सभा के सदस्यों का चुनाव भी मुख्यतः राजनीति पार्टी ही करते हैं। जिस राजनीतिक पार्टी को भी व्यक्ति अपने अनुकूल लगता है वे उसे राज्यसभा में ले आते हैं।

पर मेरा मानना है कि राज्यसभा पर लोकसभा से भी अधिक जिम्मेदारी होनी चाहिए। हालाँकि यदि हमारे सुझावों को मान लिया जाये तो लोकसभा में ही काफी अच्छे तथा दूरदर्शी लोग आ जायेंगे। पर फिर भी वे अपना मनमानी न कर पायें इसके लिए राज्यसभा को ही जिम्मेदारी लेनी होगी। यह व्यवस्था ठीक उसी प्रकार होगी जैसे एक परिवार में युवा लोग काम करते हैं, बाहर से कमा कर लाते हैं, पर उनके फैसलों तथा घर पर नियंत्रण घर के बड़े–बुजुर्ग का रहता हैं, क्योंकि इन बुजुर्गो को अपने जीवन का एक लम्बा अनुभव होता है, अतः राज्यसभा के सदस्य लोकसभा के सदस्यों से भी अधिक पढ़े, दूरदर्शी, देशप्रेमी तथा काफी अनुभवी होने चाहिए। हमारा मानना है कि राज्यसभा के सदस्यों को इस प्रकार चुना जाये कि वे लोकसभा के अधिकार क्षेत्र से बाहर रहें और लोकसभा के सदस्य राज्यसभा के सदस्यों का किसी प्रकार से नियंत्रित न कर पायें। राज्यसभा खुद कोई फैसला या निर्णय न ले, पर लोकसभा के निर्णयों तथा कार्यकलापों पर नजर रखे।

# 20

# राज्यसभा के दायित्व

(i) लोकसभा के गलत फैसलों को रोक दें, यह व्यवस्था आज भी है पर इसमें कुछ कमी है। चूँकि आज राज्यसभा के सदस्यों का चयन मुख्यतः राजनीतिक पार्टी करती हैं इसलिए जब सत्तारूढ़ पार्टी का बहुमत राज्यसभा में भी होता है तब वह जो फैसला लोकसभा में लेती है वह उस फैसले को आसानी से राज्यसभा में भी पास करा लेती है। अर्थात् उसके निर्णयों पर कोई विरोध नहीं होता। पर जब राजनीतिक पार्टी का Concept खत्म हो जायेगा तब सभी फैसले अच्छी तरह से तोल–मोल कर लिए जायेंगे।

(ii) राज्यसभा का सबसे बड़ा दायित्व लोकसभा के सदस्यों के आचरण तथा चरित्र पर नजर रखना होना चाहिए। इसलिए हमने राज्यसभा के सदस्यों का चुनाव को लोकसभा तथा अन्य नेताओं के अधिकार क्षेत्र से बाहर रखा है ताकि राज्यसभा के सदस्य स्वतंत्र एवं निष्पक्ष हों।

यह दायित्व मेरे इस विश्वास पर टीका है कि किसी भी संस्था में यदि उसके सर्वोच्च पद पर बैठे व्यक्ति ईमानदार, निष्पक्ष, ज्ञानी, कर्मठ, अपनी संस्था से प्यार करने वाले, दूरदर्शी, विश्वस्तर पर हो रही बदलावों

को समझने वाले हों तो उस संस्था को तीव्र गति से विकास करने से कोई नहीं रोक सकता। ऐसा इसलिए है कि जैसा वह स्वयं होगा अपने नीचे भी वैसे ही व्यक्तियों को लाएगा तथा भ्रष्ट एवं अयोग्य व्यक्तियों को हटा देगा। फिर उसके भी नीचले क्रम के व्यक्ति भी योग्य ही चुने जायेंगे। इस प्रकार संस्था में कार्यरत हर व्यक्ति सच्चा, ईमानदार तथा मेहनती होगा।

ठीक इसी प्रकार अगर हमारे देश के सर्वोच्च पद पर भी योग्य आदमी आ जाये और वह अपनी इच्छानुसार काम करने के लिए स्वतंत्र हो तो उसके नीचे, फिर उसके नीचे और फिर उसके भी नीचे, और इस तरह हर स्तर पर ईमानदार, मेहनती, देशप्रेमी एवं समाजसेवी लोग स्वतः आ जायेंगे।

इसका परिणाम क्या होगा, हम सभी आसानी से समझ सकते हैं।

अतः राज्यसभा का सर्वप्रथम तथा मुख्य काम लोकसभा के सदस्यों के आचरण पर नजर रखना होना चाहिए। यह काम इस प्रकार किया जा सकता है।

IB, CBI, CID की ही तरह एक अलग खुफिया विभाग बने जिसका काम सिर्फ और सिर्फ नेताओं तथा मंत्रियों पर नजर रखना हो। पर यह खुफिया विभाग लोकसभा के अधिकार क्षेत्र से बाहर हो और यह सिर्फ राज्यसभा के ही अधिकार क्षेत्र में आये। यह खुफिया विभाग कुछ इस तरह काम कर सकती है:

(a) नेता के चुनाव जीतने के बाद उसके निजी आय तथा सम्पत्ति में हुई वृद्धि एवं उसके स्रोत की निगरानी रखना।

(b) नेता के पति/पत्नी, बच्चे, बहु, दामाद, भाई, बहन, माता–पिता तथा और भी नजदीकी संबंधियों एवं नजदीकी मित्रों के भी आय तथा सम्पत्ति पर नजर रखना।

(c) इस खुफिया विभाग का एक अलग, Website तथा एक ऐसा ऑफिसर हो जिसे कोई भी आम नागरिक, बिना अपनी पहचान बताये, किसी भी नेता के गैरकानूनी आय तथा काले धन की जानकारी गुप्त तरीके से दे सके।

(d) यह खुफिया विभाग काफी Active हो तथा बहुत पैनी नजर रखे और कोई भी भ्रष्ट नेता उसकी नजरों से बच न पाये।

(e) अगर कोई भी नेता या मंत्री के खिलाफ भ्रष्टाचार का सबूत इस खुफिया विभाग को मिले तो वह सबूत सीधे राज्यसभा में पेश करे। इसके लिए राज्यसभा हर माह में एक बैठक करे।

(f) सबूत पुख्ता होने पर राज्यसभा उस नेता या मंत्री को तुरंत बर्खास्त कर दे तथा आगे की कार्यवाही के लिए Court को आदेश दे।

(g) सामान्य Court से अलग एक Court भी हो, जो सिर्फ ऐसे मामलों की ही सुनवाई करे और त्वरित गति से तथा एक निश्चित समय सीमा के अंदर ही अपना फैसला दे।

(h) अगर नेता या मंत्री के खिलाफ सबूत सही पाये जायें, या वह अपने आय/सम्पत्ति की सही या वैधानिक स्रोत न बता पाये तो उसे सामान्य से अधिक कड़ी सजा मिलें।

# 21

## राज्यसभा का गठन

अभी तक ऐसा हो रहा है कि राज्यसभा के सदस्यों का चुनाव मुख्य रूप से राजनीतिक पार्टियाँ ही कर रही हैं। इसका मतलब है राज्यसभा में भी किसी न किसी राजनीतिक पार्टी का बहुमत होता है और यदि यह बहुमत सत्तारूढ़ पार्टी की हुई तब तो वह अपना मनचाहा बिल लोकसभा तथा राज्यसभा दोनों जगह पास करा लेगी, भले ही वह बिल आम जनता के हित में हो या न हो। इसलिए राज्यसभा के सदस्यों का चुनाव इस प्रकार होना चाहिए कि वे किसी भी प्रकार से लोकसभा पर निर्भर न करें। अर्थात् राज्यसभा के सदस्य लोकसभा के अधिकार क्षेत्र से पूर्णतः बाहर रहें। इसके अतिरिक्त चूँकि मेरे सुझावों के अनुसार राज्यसभा को लोकसभा के सदस्यों के आचरण पर नजर भी रखनी है इसलिए भी राज्यसभा के सदस्यों को लोकसभा के अधिकार क्षेत्र से बाहर होना चाहिए।

राज्यसभा के सदस्यों का चुनाव कुछ इस प्रकार किया जा सकता है:

निम्न व्यक्तियों का एक क्रमवार सूची (List) बनाया जाय और बारी–बारी से उन्हें सीधे राज्यसभा का सदस्य बनाया जाय:

(i) Supreme Court के सभी सेवानिवृत जज;

(ii) ऐसे व्यक्ति जिन्हें समाज सेवा के लिए प्रतिष्ठित पुरस्कार मिला हो;

(iii) तीनों सेनाओं के रिटायर्ड सर्वोच अधिकारी;

(iv) हर वर्ष के सर्वाधिक आयकर देने वाले व्यक्ति परंतु जिन्होंने कर ईमानदारी से दिया हो, न कि आयकर विभाग के जांच पड़ताल के बाद;

(v) सेवानिवृत ऐसे शिक्षक जिन्हें शिक्षा के क्षेत्र में विशेष योगदान के लिए राष्ट्रपति महोदय से पुरुस्कार मिला है;

(vi) ऐसे सेवानिवृत या 60 वर्ष से अधिक आयु के डाक्टर जिन्होंने AIIMS की प्रवेश परीक्षा में प्रथम, द्वितीय या तृतीय स्थान प्राप्त किया तथा जिन्होंने जीवनपर्यन्त भारत में ही अपनी सेवाएं दीं;

(vii) ऐसे सेवानिवृत इंजीनियर जिन्होंने IIT की प्रवेश परीक्षा में प्रथम, द्वितीय या तृतीय स्थान प्राप्त किया तथा जिन्होंने जीवनपर्यन्त भारत में ही अपनी सेवायें दी;

(viii) सेवानिवृत या 60 वर्ष से अधिक आयु के ऐसे चार्टर्ड एकाउंटेन्टस् जिन्होंने Final परीक्षा में प्रथम, द्वितीय या तृतीय स्थान प्राप्त किया तथा जीवनपर्यन्त भारत में ही अपनी सेवाएं दीं;

(ix) वकालत की डिग्री देने के लिए देश के सर्वप्रतिष्ठित कॉलेज (जिसे पहले चिन्हित किया जाये) से पास हुए 60 वर्ष से अधिक के वकील जिन्होंने प्रथम, द्वितीय या तृतीय स्थान प्राप्त किया।

(x) RBI के सेवानिवृत Governor तथा Deputy Governor;

(xi) पुरुस्कृत वैज्ञानिक;

(xii) Economics की पढ़ाई के लिए सर्वप्रतिष्ठित कॉलेज (जिन्हें पहले चिन्हित किया जाये) से पास हुए 60 वर्ष से अधिक आयु के ऐसे व्यक्ति जिन्होंने प्रथम, द्वितीय या तृतीय स्थान प्राप्त किया;

(xiii) सेवानिवृत ऐसे IAS ऑफिसर जिन्होंने IAS के परीक्षा में प्रथम, द्वितीय या तृतीय स्थान प्राप्त किया;

(xiv) कला के क्षेत्र में प्रतिष्ठित पुरूस्कार से सम्मानित लोग;

(xv) खेल के क्षेत्र में प्रतिष्ठित पुरूस्कार से सम्मानित लोग;

(xvi) किसी और प्रतिष्ठित पुरूस्कार से सम्मानित लोग जैसे परमवीर चक्र, भारत रत्न, पद्मश्री इत्यादि;

ऊपर वर्णित लोगों की एक सूची बनाई जाए और हर बार इस सूची में से जितनी जरूरत हो उतने सदस्यों को किसी पुर्वनिर्धारित तरीके से चुन लिया जाय।

इसके अतिरिक्त सरकारी कर्मचारियों के भी चुनाव में खड़ा होने का मौका देना चाहिए क्योंकि आज हमारी चुनाव व्यवस्था ऐसी हो गयी है कि राजनीति समाजसेवा न रहकर एक व्यवसाय बन गया है। आज जो भी लोग चुनाव में खड़े हो रहे हैं उनमें से अधिकतर का उद्देश्य चुनाव जीतकर समाजसेवा करने की बजाय अपने द्वारा चलाए जा रहे नीति व्यवसाय को फायदा पहुँचाना है। वे चुनाव से पहले केवल लंबे–लंबे भाषण देते हैं जिन पर वे कभी अमल नहीं करते। यही कारण है जिसकी बवज से अगर दो–चार नेता भी अपने क्षेत्र में अच्छा काम करते हैं तो उनका पूरे देश में नाम हो जाता है क्योंकि और कोई नेता ऐसा नहीं करता।

परंतु कोई सरकारी कर्मचारी ऐसे पदों पर बैठे हैं जहाँ उनका ड्यूटी ही आम जनता के लिए काम करना हैं उनमें से कुछ तो अपना काम ठीक ढंग से नहीं करते परंतु कई लोग इस काम को दिल से स्वीकार करते हैं और अपना ड्यूटी निभाने के साथ–साथ निस्वार्थ भाव से आम लोगों का काम भी करते हैं। इनके मन में आम लोगों तथा उनकी समस्याओं के प्रति हमदर्दी होती हैं वे आम लोगों की समस्याओं तथा उनकी मजबूरियों को समझते हैं। ऐसे लोग अगर चुनाव जीतकर MP या MLA बन जाये तो न सिर्फ उनके क्षेत्र में बल्कि पूरे देश में तेजी

से विकास होगा। अतः हमें ऐसे सरकारी कर्मचारियों को भी चुनाव में खड़ा होने का मौका देना चाहिए ताकि संसद में कर्मठ, दृढ़, इच्छाशक्ति वाले तथा आम लोगों के समस्याओं से भली–भांति परिचित व्यक्ति पहुँचें

इस व्यवस्था को लाने में आने वाली संभव मुश्किलें या रुकावटें:

(के) लोकसभा के चुनाव के उम्मीदवारों को छँटनी करने के लिए एक वृहत स्तर पर कमिटी बनाने तथा नेताओं एवं मंत्रियों पर नजर रखने के लिए खुफिया विभाग को स्थापित करने में काफी खर्च आयेगा।

जवाबः यह सही है कि ये सब करने में काफी खर्च आयेगा पर साथ में भ्रष्टाचार खत्म होने से एवं योग्य व्यक्तियों के नेता बनने से लूटपाट रुकेगी एवं देश का तीव्र गति से विकास होगा। इसके अतिरिक्त कई लोगों को रोजगार भी मिलेगा।

(ख) लोकल स्तर पर MP चुनना तो लोगों के लिए कोई परेशानी की बात नहीं होगी क्योंकि आज भी आम लोग ऐसा कर रहे हैं। पर राष्ट्र स्तर पर प्रधानमंत्री को चुनने में बहुत लोगों को काफी परेशानी आयेगी क्योंकि, खासकर गाँव के लोग प्रधानमंत्री के उम्मीदवारों को नहीं जानते। ऐसे कई लोग हैं जिन्हें अगर 4–5 प्रधानमंत्री के उम्मीदवारों में से किसी एक को चुनना पड़े तो वे कोई स्पष्ट फैसले नहीं ले पायेंगे।

जवाबः यह एक सच्चाई है कि खुशबू को फैलने से रोका नहीं जा सकता। ठीक इसी प्रकार एक योग्य व्यक्ति की प्रसिद्धि को भी फैलने से कोई रोक नहीं सकता

वर्तमान व्यवस्था में भी कई लोग तथा कभी–कभी हम खुद भी अपने विश्वसनिय मित्रों तथा सगे संबंधियों से सलाह–मशवरा करके किसी खास व्यक्ति को वोट देते हैं तथा कभी–कभी कुछ अहम फैसले भी लेते हैं। ठीक इसी प्रकार नई व्यवस्था में भी यदि ऐसी परिस्थिति आ जाये कि जितने भी लोग प्रधानमंत्री पद के लिए चुनाव लड़ रहे हैं उन्हें मैं ठीक से नहीं जानता तब कहीं न कहीं से मैं उनके बारे में सूचना

इकट्ठा करने का प्रयास करूँगा और जो भी सूचना एवं जानकारी मिले उसके आधार पर फैसला लूँगा।

इस समस्या को दूर करने के लिए एक और काम किया जा सकता है। कोई भी प्रधानमंत्री पद का उम्मीदवार चाहे तो दूसरे व्यक्ति से अपना प्रचार करवा सकता है अगर वह इन शर्तों को पूरा करे :

(a) जो भी व्यक्ति प्रचार करे वह किसी भी क्षेत्र से किसी भी पद के लिए कोई चुनाव नहीं लड़ रहा है।

(b) जो भी व्यक्ति प्रचार करे वह उम्मीदवार से किसी भी प्रकार से रुपया, धन, सम्पत्ति, प्रत्यक्ष या अप्रत्यक्ष रूप से किसी भी प्रकार कोई मदद (Favour) न ले। पर प्रचार करने वाले प्रचार के दौरान किए गये खर्च, जैसे–ठहरने, खाने, यात्रा का खर्च उम्मीदवार से ले सकता है। ऐसा मैं इसलिए चाह रहा हूँ, क्योंकि अगर प्रचार धन लेकर किया जाने लगा तो प्रचार–प्रसार में झूठी तथा गलत बातें बोली जायेंगी। यह ठीक उसी प्रकार होगा जैसे आज TV पर न जाने कितने सारे प्रचार आते हैं जिनमें शायद झूठी बातें ज्यादा होती हैं और सच्चाई कम। परंतु इसकी जगह अगर प्रचार करने वाला व्यक्ति बिना किसी स्वार्थ के प्रचार करेगा तो वह सही बातें ही बतायेगा। इसके अतिरिक्त रुपया देकर प्रचार करवाने का मतलब एक प्रकार से यह भी होगा कि रुपया देकर वोट खरीदा जा रहा है। इसलिए न सिर्फ चुनाव के पहले बल्कि चुनाव के बाद भी प्रचार करने वाले को किसी भी प्रकार से रुपया, जमीन, या कोई और फायदा न पहुँचाया जाये।

परंतु, ऊपर वर्णित प्रचार–प्रसार का प्रावधान लोकसभा के सदस्यों (MP) के चुनाव में न लागू हो। इसका कारण यह है कि MP का चुनाव एक छोटे तथा कम आबादी के क्षेत्र से होता है जहाँ के अधिकतर लोग लोकल स्तर पर अपने नेता को जानते हैं। इसलिए यहाँ पर किसी दूसरे व्यक्ति से प्रचार करवाने की छूट देने की कोई जरूरत नहीं है।

# 22

# सरकारी कार्यालयों तथा सरकारी संस्थाओं में भ्रष्टाचार रोकने के उपाय

भ्रष्टाचार को दो स्तरों पर रोकना होगा:

(1) पहला, निचले स्तर पर–जैसे Office में क्लर्क, बड़ा बाबू, चपरासी, या दैनिक कार्य करने वाले निचले अधिकारियों द्वारा लिए जाने वाले छोटे–मोटे घूस;

(2) बड़े तथा उच्च अधिकारियों द्वारा लिये जाने वाले बड़े–बड़े घूस;

(1) पहली तरह की घूसखोरी को रोकने के लिए निम्न उपाय किये जा सकते हैं–

निगरानी विभाग को और सुदृढ़ किया जाये। इसमें नयी नियुक्तियाँ की जायें। इसमें ऐसे चलंत (Mobile) जासूस हो जिनका काम साधारण भेष में सरकारी कार्यालयों तथा संस्थानों में घुमना हो। जो व्यक्ति भी घुस माँगे या फिर लेने के लिए भी तैयार हो जाये तो उसे ये जासूस सबूत के साथ पकड़ लें। ऐसे चलंत जासूसों की संख्या इतनी हो कि हर राज्य के हर जिले के हर कार्यालय में बदल–बदल कर महीने में कम से कम दो बार ये जासूस अवश्य भ्रमण करें।

बेशक इसके लिए काफी नयी नियुक्तियाँ भी करनी पड़ेगी पर साथ में सरकार की आमदनी भी बढ़ जायेगी। हमें लगता है कि एक व्यापारी का ईमानदारी से जितना आयकर बनता है उसका आधा भी वह जमा नहीं करता। इसमें आयकर विभाग के कर्मचारी तथा अधिकारी भी साथ देते हैं। इसी तरह Sales Tax तथा लगभग सभी दूसरे विभागों में भी सरकारी राजस्व को चुना लगता है। आज लगभग हर व्यक्ति यह जानता है कि Sales Tax, Income Tax, Excise, व्यापार करने के लिए NOC देने वाला प्रदूषण विभाग तथा और भी सभी विभागों में जमकर घुसखोरी चलती है। अगर सिर्फ Income Tax, Sales Tax, VAT, Excise, Custom Tax, Service Tax का ही सही Collection हो जाये तो सरकार की आय आज की तुलना में कई गुणा बढ़ जायेगी। अगर चलंत जासूस इन विभागों में घुमेंगे तो न सिर्फ आम आदमी को राहत मिलेगी बल्कि व्यापारियों को भी व्यापार करने में सहुलियत होगी और सरकार की आय भी बढ़ेगी।

(2) बड़े तथा उच्च अधिकारियों द्वारा लिये जाने वाले घूस तथा भ्रष्टाचार को दो तरह से रोकना होगा–

(i) घूस लेने से रोककर;

(ii) घूस के पैसे को कहीं रखने से रोककर;

(i) घूस लेने से रोकने में निम्न व्यवस्था काम में आ सकती है :

(a) राजनीतिक व्यवस्था में परिवर्तन होने से हमारे नेता तथा मंत्री ईमानदार होंगे और वे उच्च अधिकारियों को घूस नहीं लेने देंगे।

(b) हमारे चलंत जासूस भी उच्च अधिकारियों पर नजर रखेंगे।

(c) एक ओर व्यवस्था है जो आज भी है, पर प्रचार–प्रसार नहीं होने के कारण वह आज उतना काम में नहीं आ रही है। यह है आम जनता की मदद। घुसखोरी या भ्रष्टाचार में दो लोग शामिल होते हैं–एक घुस लेने वाला तथा दूसरा घूस देने वाला। चूँकि इन दोनों

ही के फायदे होते हैं इसलिए ये दोनों कभी भी इस भ्रष्टाचार का उजागर नहीं करेंगे। पर इन दोनों के अतिरिक्त और कइयों को भी इस भ्रष्टाचार की जानकारी होती है, जैसे—रिश्तेदार, पड़ोसी, मित्र, ऑफिस में साथ में काम करने वाले लोग, व्यापारी का Competitor, इत्यादि। इनके पास कोई पक्की सबूत तो नहीं होती पर इनकी जानकारी पक्की होती है। पर ये लोग CBI या कहीं और कुछ बताते भी नहीं, क्योंकि इन्हें डर होता है कि कहीं इन्होंने सूचना दी और इस बात की जानकारी भ्रष्ट आदमी को हो गई तो वे मुसीबत में फँस जायेंगे। अगर आम जनता में यह विश्वास बना दिया जाये कि उनका नाम कहीं भी उजागर नहीं होगा तो बहुत सारे भ्रष्ट अधिकारियों की जानकारी मिल सकती है।

(d) इसके अतिरिक्त एक और काम किया जा सकता है जिससे देश में इतने सारे जासूस पैदा हो जायेंगे कि भ्रष्टाचारियों की नींद हराम हो जायेगी। जैसे पुलिस विभाग में खबरी होते हैं, वैसे ही CBI भी वृहत स्तर पर खबरी नियुक्त करे। ये खबरी आम लोग हों जो सरकारी या प्राइवेट क्षेत्र में काम कर रहे हैं, या फिर जागरूक किसान हैं या व्यापारी। इनके पास एक Code हो जिसके द्वारा वे CBI को गुप्त सूचनाएं भेजें। CBI इन्हें जरूरी उपकरण भी उपलब्ध कराये और मुसीबत में पड़ने पर सुरक्षा भी करे। CBI इन खबरियों से केवल उनके द्वारा स्वेच्छा से दिये गये जानकारी ही ले। दूसरा और कोई काम इन खबरियों से न लिया जाय। इन खबरियों को कोई सैलरी या वेतन CBI न दे। बस केवल खबरियों के द्वारा दिये गये जानकारी के आधार पर अगर CBI को कुछ हाथ लगता है तो इन खबरियों को कुछ कमिशन मिलेगा। इस व्यवस्था का वृहत स्तर पर प्रचार किया जाये एवं अधिक से अधिक लोगों को खबरी बनाया जाये।

मान लीजिए मेरे पास किसी भ्रष्ट आदमी की जानकारी है। पर मैं इस बात को इस डर से किसी को नहीं बता रहा कि कहीं उस भ्रष्ट आदमी को ये न पता लग जाये कि मैंने उसके बारे में जानकारी दी थी। लेकिन जब मुझे ये पता होगा कि मेरे शहर में 10,000 खबरी हैं

तब मुझे यह विश्वास होगा कि वह भ्रष्ट आदमी मुझ पर शक नहीं करेगा, क्योंकि 10,000 में से किसने सूचना भेजी यह किसी को नहीं पता। इसके अतिरिक्त जब मैं भी CBI का एक Registered खबरी बनूँगा तब मुझे हमेशा यह लगेगा कि मैं भी CBI का एक अंग हूँ और मेरे पास एक Platform है जिसके जरिए मैं भ्रष्टाचार की सूचना उचित जगह तक पहुँचा सकता हूँ। इस बात को झूठलाया नहीं जा सकता कि जब भी कोई व्यक्ति घूस लेता है तब कुछ और लोगों को भी इस बात की जानकारी हो जाती है। जरूरत है इन कुछ और लोगों को अपने साथ मिलाने की।

इस प्रकार से बड़े तथा उच्च अधिकारियों को घूस लेने से रोका जा सकता है।

(ii) बड़े तथा उच्च अधिकारियों द्वारा किए जा रहे घूसखोरी तथा भ्रष्टाचार को रोकने का दूसरा तरीका–घूस के पैसों को कहीं रखने से रोककर।

कोई भी व्यक्ति जो घुस लेगा वह अपनी घूस के रुपयों को कहाँ रखेगा–

– जमीन, घर, या Flat – Investment में;
– बैंक में;
– शेयर बाजार में;
– सोना, चाँदी, या हीरे खरीदकर Bank के Locker में;

पहले तीनों जगहों (अर्थात् जमीन, घर या Flat या बैंक या शेयर बाजार में) घूस के पैसों को रखने से कैसे रोका जा सकता है, मैं उसका एक सुझाव दे रहा हूँ:

(i) सर्वप्रथम ऐसे लोगों को चिन्हित किया जाये जो बड़े स्तर पर घूस लेने के लिए उपयुक्त पद पर हैं, जैसे–ऐसा पद जो Contract Allot करता है, या जो विभाग के लिए सामान खरीदता है इत्यादि। इसके साथ–साथ उन लोगों को भी चिन्हित किया जाये जिनके पास

ये लोग घूस का पैसा रख सकते हैं, जैसे–पति या पत्नी, बेटा, बेटी, बहु–दामाद, भाई, बहन, भाई/बहन के पत्नी/पति या उनके बच्चे, माता–पिता, या और भी कोई नजदीकी रिश्तेदार। ऐसे लोगों की एक सूची बने जिसे हम आगे Covered लोगों से सम्बोधित करेंगे।

(ii) एक अलग Website हो जिसमें यह लिखा हो कि कौन–कौन लोग Covered हैं और यह बात कोई भी व्यक्ति Website पर देख सके।

(iii) इसी Website पर प्रत्येक Covered व्यक्ति का एक अलग A/C हो जिसमें उसे अपनी सभी सम्पत्तियों की पूर्ण जानकारी देनी अनिवार्य हो। खासकर जमीन, घर, फ्लैट, बंगला, कोठी, सभी Bank A/C तथा Demat A/C की पूरी जानकारी इस प्रकार दी जाये कि बाद में माँगे जाने पर ये जानकारी उपलब्ध हो जाये। पर यह जानकारी आम न की जाये नहीं तो Covered व्यक्ति को कुछ नुकसान भी हो सकता है। सम्पत्ति की जानकारी एक बार देने के बाद बदली न जा सके। केवल अगले वर्ष नयी जानकारी डाली जा सके।

(iv) साल खत्म होने पर जो भी लोग Covered हों वे अपने आय तथा सम्पत्ति की पूर्ण जानकारी Website पर अपने A/C में अवश्य डाल दें।

(v) एक नियम यह बने कि जो भी लोग Covered हैं अगर वे अपने सम्पत्ति की पूर्ण जानकारी Website पर नहीं डालते हैं तो जिस सम्पत्ति को भी Website पर नहीं डालते उसपर उनका स्वामित्व नहीं रहेगा। अर्थात् अगर किसी जमीन, घर या फ्लैट की जानकारी इस Website पर नहीं डाली गयी है तो उसपर Covered व्यक्ति का स्वामित्व खत्म हो जायेगा और उस पर सरकार का स्वामित्व हो जायेगा।

(v) इस webside पर प्रत्येक वर्ष दी गई जानकारी उसी वर्ष के खरीदी गई सम्पत्ति से संबंधित हो और पिछले वर्ष से नहीं। अर्थात् अगर मैंने कोई सम्पत्ति 2010-11 में खरीदी है तो मुझे यह जानकारी 2010-11 में ही देनी होगी। अगर मैं चाहूँ कि मैं 2011-12 में इसकी जानकारी डालूं तो सिस्टम ऐसा होना चाहिए कि मैं ऐसा न कर पाऊँ।

पर किसी कारणवश अगर भूल से मुझसे कोई सम्पत्ति का जिक्र करने से छूट गई तो अपने विभाग तथा सरकार की अनुमति लेकर मैं उस सम्पत्ति को अपने A/C में दिखा सकूँ, ऐसा भी प्रावधान होना चाहिए।

(vi) भारत में अगर कोई भी व्यक्ति किसी से भी जमीन, घर, फ्लैट, बंगला या कोठी खरीद रहा है तो पहले वह यह सुनिश्चित कर ले कि जिस व्यक्ति से भी वह जमीन, घर, फ्लैट, बंगला, कोठी खरीद रहा है वह कहीं Covered व्यक्ति तो नहीं है। अगर वह Covered व्यक्ति है तो क्या उस Covered व्यक्ति के website के A/C में उस जमीन, घर, फ्लैट, बंगला या कोठी को सम्पत्ति में दिखाया गया है। अगर सम्पत्ति के विवरणी में उस जमीन, घर, फ्लैट, बंगला, या कोठी को नहीं दिखाया गया है तब उस Covered व्यक्ति से इसे खरीदने में कोई फायदा नहीं होगा, क्योंकि उसपर उस Covered व्यक्ति का स्वामित्व ही नहीं है।

(vii) सिर्फ website पर Property की detail डाल देंने से काम नहीं चलेगा। हर सरकारी संस्था में एक अलग विभाग हो जो अपनी संस्था के प्रत्येक Covered व्यक्ति तथा उनके रिश्तेदारों के Property Details का अध्ययन करे। अध्ययन के दौरान इस बात पर भी ध्यान दिया जाये कि कहीं किसी न किसी सम्पत्ति को Market Rate से कम दाम पर तो खरीदा हुआ नहीं दिखाया गया है?

इस व्यवस्था में कोई भी व्यक्ति, घूसखोरी का पैसा जमीन में नहीं लगा पायेगा, इससे दिनों दिन बढ़ती जमीन की कीमतों में भी कुछ रोक लगेगी।

परंतु भ्रष्ट व्यक्ति के पास एक और जगह है जहाँ वह घूसखोरी का पैसा रख सकता है। वह है सोना, चांदी, हीरे तथा अन्य कीमती धातुओं में। इन जगहों पर भी घूसखोरी का पैसा लगाने से रोका जा सकता है अगर निम्न व्यवस्था लागू कर दी जायेः—

(i) एक सीमा निर्धारित कर दी जाये जिसके ऊपर कोई भी सोना नगद में न बेचे। मान लीजिए यह सीमा 50,000 रुपये तय कर दी जाती

है। इससे कोई भी गरीब आदमी जिसके पास Bank A/C नहीं है, या वह Bank में चेक का उपयोग ठीक से करना नहीं जानता तो नगद में ही सोना खरीद सकता है। पर दूसरे लोगों को सोना चेक या Debit Card के द्वारा खरीदनी होगी। इससे कोई भी भ्रष्ट आदमी सोना अपने Bank A/C के द्वारा ही खरीद पायेगा, क्योंकि रकम काफी अधिक होती है। इससे उस भ्रष्ट आदमी के विभाग को उसके घूसखोरी की खबर लग जाएगी।

(ii) आप यह कह सकते हैं कि यदि कोई सोनार 50,000 रुपये से अधिक का सोना भी नगद में बेचना चालू कर दे तो उसे कौन रोकेगा? उसे रोकेंगे हम और आप खबरी बन कर तथा चलंत जासूस।

(iii) आप यह भी कह सकते हैं कि यदि कोई भ्रष्ट आदमी नगद में ही 50,000 रुपये तक कई ज्वेलरी दुकानों से तथा कई दिनों में जाकर खरीदे तो फिर इसे कैसे रोका जायेगा? इसे भी रोका जा सकता है, बस एक काम यह करना होगा कि जो भी सोनार नगद में सोना, चाँदी या हीरे बेंचे वो ग्राहक तथा उसके पिता का नाम उसके किसी ऑरिजनल ID कार्ड देखकर नोट कर ले तथा हर दिन Internet पर डाल दें। इससे भ्रष्ट आदमी के विभाग को तो पता नहीं चलेगा कि उसके किसी कर्मचारी ने नगद में सोना खरीदा है, क्योंकि यह पता करना किसी भी विभाग के लिए आसान नहीं होगा। परंतु भ्रष्ट आदमी पर एक मानसिक दबाव बना रहेगा कि यदि जाँच–पड़ताल किया गया तो उसके द्वारा नगद में सोना खरीदने की बात पता चल जायेगी। इस कारण वह नगद में भी सोना खरीदने से कतरायेगा। इसके अतिरिक्त हम और आप खबरी बनकर तथा चलंत जासूस समय–समय पर प्रत्येक सोनार के यहाँ भ्रमण करके यह जाँचते रहेंगे कि सोनार लोग ठीक सूचना दे रहे हैं या नहीं।

इस प्रकार से हम लोग भ्रष्ट तथा घूसखोर लोगों को घूसखोरी का पैसा कहीं भी रखने से रोक सकते हैं।

# 23

## नई Voting System

आज जब हम चुनाव का दिन खत्म होने पर न्यूज देखते हैं तो पता चलता है औसतन 50%-60% लोगों ने चुनाव में हिस्सा लिया। बाकी लोगों के Vote का क्या हुआ? बाकी लोग चुनाव में कई कारणों से हिस्सा नहीं लेते–

– अस्वस्थता के कारण;

– अपने किसी निजी काम में उलझे रहने के कारण;

– वोट देने के लिए लम्बी कतार में नहीं लगना चाहते;

– राजनीतिक व्यवस्था पर आस्था कम होना।

अगर हम Voting के लिए E mail तथा Mobile से मैसेज को भी स्वीकार करने लगें तो न सिर्फ Voting बढ़ेगा बल्कि चुनाव में धांधली पर भी रोक लगेगी। फर्जी Voting रूक जायेगी। Voting बढ़ने से सही नेता चुनने में मदद मिलेगी। इसलिए E-mail तथा Mobile Message से भी Voting करने की शुरूआत होनी चाहिए।

घुसखोरों तथा भ्रष्टाचारियों को रोकने के लिए हम चाहे कितने भी नियम–कानून बना लें, या कोई भी System लागू कर दें, अगर Top

में बैठा व्यक्ति सच्चा नहीं होगा तो वह खुद भ्रष्टाचार को बढ़ावा देगा और फिर सारे नियम–कानून तथा System फेल हो जायेंगे। इसलिए सबसे जरूरी यह है कि हम एक ऐसा सिस्टम बना दें जिससे निम्न लोग हमेशा केवल सच्चे, ईमानदार, मेहनती तथा देशप्रेमी हों–

(i) सभी MP तथा MLA;

(ii) सभी IAS Officer;

(iii) सभी सरकारी संस्थानों के मुखिया।

(ii) तथा (iii) क्रम के लोग ईमानदार हों–ये तभी संभव है जब सारे नेता तथा मंत्री ईमानदार हों। इसलिए अगर भ्रष्टाचार को हटाना है तथा देश को तीव्र गति से विकास के पथ पर लाना है तब कुछ अधिक न करके सिर्फ ईमानदार, मेहनती तथा देशप्रेमी नेता एवं मंत्री को हमें ले आना होगा।

इसके अलावा मैं एक और बात कहना चाहूँगा कि हमें जिस भी चीज की चाह होती है और अगर हम आपस में उसी की बात करते रहते हैं तो उसे पाने का कोई न कोई मार्ग निकल ही आता है। तो अब भी यदि हम आपस में हर जगह तथा हमेशा नयी व्यवस्था लाने की बात करते रहे तो किसी–न–किसी तरीके से नयी व्यवस्था भी आ ही जायेगी। फिर हमारी बहुत सारी समस्याएं खत्म हो जायेंगी, जैसे–भ्रष्टाचार, बेरोजगारी, भूखमरी, चरमराती कानून–व्यवस्था, दिनों दिन महंगी होती शिक्षा इत्यादि।

अंत में मैं यही कहूँगा, होगा वही जो आम जनता चाहेगी। अगर आम जनता चाहे तभी उसे साफ–सुथरी शासन व्यवस्था मिलेगी।

सधन्यवाद

**सुजीत कुमार**